Sisyphos – Altes loslassen und neue Wege gehen

Verena Kast

Sisyphos – Altes loslassen und neue Wege gehen

Patmos Verlag

VERLAGSGRUPPE PATMOS

PATMOS
ESCHBACH
GRÜNEWALD
THORBECKE
SCHWABEN
VER SACRUM

Die Verlagsgruppe
mit Sinn für das Leben

Für die Verlagsgruppe Patmos ist Nachhaltigkeit ein wichtiger Maßstab
ihres Handelns. Wir achten daher auf den Einsatz umweltschonender
Ressourcen und Materialien.

Bibliografische Information der Deutschen Nationalbibliothek
Die Deutsche Nationalbibliothek verzeichnet diese Publikation in der
Deutschen Nationalbibliografie; detaillierte bibliografische Daten sind im
Internet über http://dnb.d-nb.de abrufbar.

Umschlaggestaltung: Finken & Bumiller, Stuttgart
Gestaltung und Satz: Schwabenverlag AG, Ostfildern
Druck: GGP Media GmbH, Pößneck
Hergestellt in Deutschland
ISBN 978-3-8436-1142-8

Inhalt

Vorwort

Vor mehr als 30 Jahren habe ich diesen Mythos interpretiert, als Mythos der Vierzigjährigen, zu denen ich damals gehörte. Nun soll dieses Buch nochmals in einer Neuausgabe herausgegeben werden. Dass dieser Mythos aktuell bleibt, ist für mich keine Frage. Die Wiederkehr desselben, die ewigen Wiederholungen: Sie bleiben ein Thema, auch auf eine beängstigende Weise. Nehmen wir die Weltpolitik: Wie hofften wir doch, dass die Menschen einig e Brutalitäten nicht mehr begehen würden – wie sind wir enttäuscht worden und werden wir immerzu! Lernen Menschen wirklich nicht aus der Vergangenheit? Immer dasselbe – in wenig variantenreichen Neuauflagen. Man könnte verzweifeln, fatalistisch werden, das Leben als sinnlos bezeichnen und dabei noch mehr verrohen. Wenn die Zukunft nur die Vergangenheit in etwas veränderter Form ist, fragt man sich, ob die Menschen sich nicht weiterentwickeln können.

Fatalismus, Erfahrung von Sinnlosigkeit, aber auch die bange Frage, ob und wie denn diesem Leben Sinn abzuringen sei, sind aktuelle Fragen, es sind aber auch uralte Fragen der Menschen, die unter anderem im Mythos von Sisyphos ihren Niederschlag gefunden haben. Mythen erlauben uns, Fragen unserer modernen Existenz auf ihrem Hintergrund und in der Spannung zu ihnen neu zu stellen und neue Antworten zu bekommen. In diesem Mythos findet man, so meint zumindest Camus, einen Hintergrund, auf dem man das Thema der Absurdität des Daseins und damit die Sinnleere neu reflektieren und auch neu existentiell beantworten kann.

Aber auch die Mühen des alltäglichen Lebens, die Faktizitäten, die sich in den ewigen Wiederholungen zeigen, die Themen des Festhaltens und Loslassens können in der Projektion auf diesen Mythos auch für das eigene Leben wieder neu verstanden werden und damit ein Gefühl der Freiheit innerhalb der ganzen Notwendigkeit erfahrbar machen. Und zuletzt noch: Sisyphos ermutigt auch. Er gibt nicht so schnell auf – und diese Zähigkeit, gerade auch in der Suche nach der sinnvollen Gestaltung des Lebens, trotz aller Wiederkehr, kann als Ressource gesehen werden.

Ich freue mich sehr darüber, dass dieses Buch vom Patmos Verlag neu aufgelegt wird. Ganz besonders bedanken möchte ich mich bei Dr. Christiane Neuen für die wie immer sehr erfreuliche Zusammenarbeit.

St. Gallen, Januar 2019
Verena Kast

Einleitung

Eines Tages, als ich wieder einmal daran war, einen Berg Geschirr wegzuräumen, und mir einfiel, wie bald der nächste Berg Geschirr wieder da stehen würde, wurde mir bewusst, wie viele Berge von Geschirr in meinem Leben diesem einen noch folgen werden, wie viele ich auch schon abgetragen hatte. Eine Arbeit, die sich in regelmäßiger Gleichförmigkeit immer wiederholt, immer nur für einen Moment abgeschlossen ist, eine Arbeit, die sich immer wiederholen wird. Eine richtige Sisyphosarbeit, dieses ewige Geschirraufräumen.

Als einmal das Stichwort gegeben war, fiel mir auf, wie die Nachrichten im Radio, seit ich mich entsinnen kann, einander gleichen: Immer die gleichen Probleme in der Welt, über die konferiert, debattiert wird, ohne dass sich Wesentliches ändert, aber auch immer die gleiche Art der Berichterstattung, die dem Unglück in der Welt so viel Raum zugesteht, glücklichen Ereignissen hingegen wenig Wichtigkeit beimisst.

Ich sah einen Zusammenhang zwischen meiner Arbeit, die nie wirklich zu Ende geführt werden kann, sich immer wiederholt, und den Problemen der Menschheit, an denen auch immer gearbeitet wird, die sich aber auch immer wiederholen. Natürlich hätte ich mein Augenmerk auf die Befriedigung lenken können, die den Moment begleitet, wenn der Geschirrberg abgetragen ist, und auf die kleinen Fortschritte, die auch in den sich so sehr ähnelnden Nachrichten zu sehen sind. Aber an diesem Tag fiel mir der Aspekt der ewigen Wiederholung auf, begleitet von der Gewissheit, dass unendlich vieles im Leben immer wieder von vorne anfängt, dass ich immer wieder von vorne anfangen muss, gerade auch da, wo eine große Veränderung eigentlich angenehm wäre.

Es fielen mir weitere Erlebnisse zum Themenkreis ein: etwa, wie oft ich schon versucht habe, immer wieder denselben Sachverhalt zu erklären, oder wie ich selber ein Problem immer wieder von allen möglichen Seiten angehe, meine, ich hätte es verstanden, und dann doch wiederum den Eindruck habe, es sei noch nicht gut genug verstanden, noch nicht prägnant genug erfasst, und das Problem wieder wälze, wieder formuliere, neu formuliere – auch hier wieder von vorne anfange …

War ich beim Geschirraufräumen noch ganz sicher, dass diese Arbeit unter Sisyphosarbeit einzuordnen sei, beim Ringen der Menschen mit ihren Problemen, wie sie in den Nachrichten zum Ausdruck kommen, war ich schon etwas weniger sicher. Noch ungewisser war mir aber die Beurteilung, als mir meine Erklärungsversuche einfielen. Fragen, die gestellt werden, gleichen sich ungeheuer, aber die Situationen, aus denen heraus sie gestellt werden, sind oft andere, haben sich verändert. Das Ringen um einen prägnanten Ausdruck, um ein stimmiges Bild hat zwar auch diesen Aspekt der ewigen Wiederholung, zudem noch deutlich auch die Komponente eines nur vorläufigen Gelingens, und doch bezeichnete ich diese Arbeit, obwohl viel Sisyphisches mit ihr verbunden ist, nicht einfach als Sisyphosarbeit, dafür ist doch zu viel an Veränderung mit ihr verbunden.

Dann fielen mir Menschen im therapeutischen Prozess ein: Da wird immer wieder mit den gleichen Grundproblemen gerungen. Immer wieder stellen sich die gleichen Fragen, die gleichen Eigenheiten werden zum Konflikt. Und manch einer klagt dann: „Kann ich dieses Problem denn nie bewältigen?", und verzweifelt fast an seinen Anstrengungen. Ein andermal kann er von einer anderen Warte aus sehen, dass er sich zwar immer mit den gleichen Problemen beschäftigt, aber er erlebt, dass er jetzt schon anders mit ihnen umgehen kann. Ist er bei der ersten Aussage noch ganz überzeugt davon, dass die Arbeit an sich selbst, an seinen Grundproblemen, Sisyphosarbeit ist, dann ist er bei der zweiten Aussage nur noch bedingt davon überzeugt.

Natürlich stellt sich hier die Frage, ob das Sisyphische seine Mühsal verliert, wenn es einem gelingt, nicht nur die Wiederholung, sondern auch die ganz leise Veränderung daran zu sehen. Oder nennen wir etwas Sisyphosarbeit, wenn wir eine Veränderung nicht sehen können oder sehen wollen?

Deutlich wird bereits jetzt, dass es schwerfällt, in jenen Sisyphosarbeiten, die wirklich bloße Wiederholungen sind, einen Sinn zu sehen. Sinn verbinden wir mit Veränderung zu etwas Umfassenderem hin.

Das Stemmen des Steins

Der zweite Teil des Mythos von Sisyphos

Die alltägliche Erfahrung mit dem ewigen Geschirrwa-
schen war Anlass, eine Grundstimmung in mir mit einem mythischen Bild zu verbinden; mein Widerstand
gegen die ewige Wiederholung, gegen die ewige Wiederkehr des Gleichen[1] wurde durch die Verbindung zu
einem mythologischen Bild in einen großen Zusammenhang hineingestellt, in die existentielle Grunderfahrung des sich vordergründig immer wieder vergeblich abmühenden Menschen.

Mythen sind Geschichten, die aus Elementen der
alltäglich erfahrbaren Wirklichkeit aufgebaut sind und
anscheinend auch von dieser handeln, darüber hinaus
aber diese Zusammenhänge auch dazu benutzen, um
das Selbstverständnis des Menschen, seine Erfahrung
des Göttlichen und seine Stellung zum Göttlichen und
zum Realen auszudrücken. Sollte ein Mythos Bestand
haben, musste sich in ihm sowohl ein Kollektiv als auch
ein Individuum erkennen können, musste in ihm also
eine wesentliche existentielle Erfahrung oder Sehnsucht
ausgedrückt sein. Und noch heute erzählen uns die
Mythen unser menschliches Leben.

Dadurch, dass der Mythos durch die Geschichtswis-
senschaft entmythologisiert wurde, offenbart der Mythos nun da, wo er immer noch lebendig ist, wo er uns
also auch heute noch anspricht, erst recht seine symbo-

lische Funktion. Er verweist auf existentielle Grunderfahrungen. Jeder Mythos drückt einige spezielle Grundängste und Grundhoffnungen aus.

Wenn wir uns mit Mythen beschäftigen, dann beschäftigen wir uns mit den existentiellen Grunderfahrungen, die im jeweiligen Mythos am prägnantesten ausgedrückt sind, im Mythos von Sisyphos zunächst einmal die Erfahrung des vordergründig sich vergeblich abmühenden Menschen, der sich aber auch von seinem Bemühen nicht abbringen lässt. Vordergründig vergeblich, sage ich, weil „vergeblich" bereits eine Deutung des Mythos impliziert:

Sisyphos müsste „Erfolg" haben, er müsste den Stein über den Gipfel rollen, die Sache zu Ende bringen. Muss er wirklich? Bezeichnen wir nicht oft eine Arbeit gerade deshalb als Sisyphosarbeit, Bemühungen als sisyphisch, weil wir so ganz und gar davon überzeugt sind, dass ein Ziel erreicht werden muss, dazu noch möglichst schnell?

Homer lässt Odysseus von seiner Reise durch die Unterwelt erzählen:

„Ja auch zu Sisyphos sah ich hinein,
der leidend sich plagte;
schob er ja doch einen riesigen Block
mit beiden Händen.
Wahrlich, er stieß ihn hinauf bis zum Gipfel
und stemmte dagegen,
brauchte Füße und Hände;
doch war es so weit,
dass die Höhe endlich er hatte,

da drängte die Überschwere
ihn abwärts.
Wieder dann rollte der schamlose Stein
in die Felder hinunter.
Aber er fing wieder an sich zu plagen und stieß,
dass der Körper
triefte von Schweiß;
um den Kopf aber kreiste
von Staub eine Wolke."[2]

Dieser Teil des Mythos, der allgemein bekannt ist, vermittelt zunächst die Erfahrung der großen Anstrengung, des intensiven Einsatzes und des Dranbleibens an diesem Stein, auch wenn das vermeintliche Ziel nicht erreicht werden kann. Daraus erfolgt denn auch diese ewige Wiederholung – im Mythos eine Strafe der Götter.

Im Mythos von Sisyphos ist – wie in allen Mythen, die uns gegenwärtig sind – eine Grunderfahrung des menschlichen Daseins ausgedrückt, ein Aspekt des Menschenlebens und Menschenwesens.

Das alltägliche Verständnis des Mythos

Dass dieser Mythos noch lebendig ist, Menschen trifft und betrifft, zeigte sich auch an der Reaktion meiner Mitmenschen, als ich ihnen sagte, dass ich mich im Moment gerade mit dem Mythos von Sisyphos befasse. Ein Seufzen, ein Lachen, ein verständnisvolles, ein bitteres manchmal, ein schadenfrohes zuweilen. Alle ließen erkennen, dass ihnen diese Thematik nicht fremd sei. Gespräche über Resignation, Durchhaltenwollen, Sinn und Absurdität des Daseins ergaben sich. Gefühle der Überforderung wurden geäußert, die Überzeugung, irgendwann diesen ewigen Stein nicht mehr stemmen zu können, nicht mehr stemmen zu wollen. Fragen, die die Hoffnung und die Hoffnungslosigkeit ins Zentrum rückten, stellten sich. Gemäß der Lebenssituation, in der die Einzelnen sich befanden, wurden andere Aspekte dieses an sich prägnanten mythischen Bildes betont: War für den einen Menschen der Aspekt des mühsamen, des schweren Steines, den er oder sie zu stemmen hatte, im Vordergrund seines Erlebens, Symbol für eine schwierige Aufgabe, die Qual verursachte, dann war es für andere vor allem die ewige Wiederholung desselben, die von ihnen als qualvoll erlebt wurde. Die ewige Wiederholung machte für sie den „Stein" schwer. Und doch waren sich die meisten darüber einig, dass die Last und die Wiederholung zusammen letztlich doch das Quälende ausmachen.

Es gab aber auch andere Reaktionen. Da waren Menschen, die die Wiederholung als wohltuend empfanden, als Ausdruck einer Ordnung, auf die man sich verlassen kann. Sie waren einverstanden mit dem Immergleichen, weil sich darin das Wesen des Lebens ausdrücke. Vermissten die einen das Innovative an diesem Lebensentwurf, war es den anderen gerade recht, dass dieser Aspekt des Lebens einmal nicht im Vordergrund stand.

Bei den Reaktionen auf den Mythos wurde sehr bald deutlich, dass verschiedene Aspekte von ihm erlebt werden können, dass die Reaktionen aber auch sehr davon abhängen, welche Rolle dieser Mythos in der jeweiligen Lebenssituation des Einzelnen gerade spielt. Denn dass im Mythos von Sisyphos nicht das Ganze der Existenz des Menschen ausgedrückt ist, dürfte deutlich sein. Es gibt eine Flut von Mythen, die alle Wesentliches über das Menschsein aussagen und jeweils verschiedene Perspektiven beleuchten. Dem Mythos von Sisyphos stehen – um nur ein Beispiel zu nennen – Mythen des göttlichen Kindes entgegen, die von der Schöpferkraft, von der Erfindungskraft des Menschen handeln, von den Möglichkeiten, immer wieder neu beginnen zu können. Der Mythos von Sisyphos kann niemals das Abbild für das Menschsein als Ganzes sein. Dennoch ist bemerkenswert, dass dieses mythologische Motiv vielen bekannt ist, vor allem wohl, weil unsere Sprache den Ausdruck „Sisyphosarbeit" kennt. Das Lebensalter rückt bestimmte Aspekte dieses Mythos mehr in den Vordergrund und lässt andere mehr in den Hintergrund treten.

„Was fällt Ihnen zu Sisyphos ein?"

Assoziationen

Eine 19-jährige Frau: „Sisyphosarbeit? Unnütze Arbeit, Arbeit, von der niemand was hat. Frust halt. Man muss das vermeiden, wenn immer möglich."

Ein 22-jähriger Mann: „Sisyphosarbeit? Arbeit, die umsonst gemacht wird und zudem mühsam ist. Das gehört wohl zu allen Arbeitsprozessen. Ich finde Sisyphosarbeit aber nur gerechtfertigt, wenn der ganze Arbeitsprozess etwas hergibt, wenn man dabei doch etwas Neues schaffen kann."

Eine 40-jährige Frau: „Sisyphosarbeit! Ich sehe nicht so sehr das daran, dass sie unnütz ist, ich sehe vielmehr diese ewige Wiederholung. Nimm einmal den ganzen Haushalt, die Wäsche – immer wieder dasselbe. Aber das alles ist natürlich notwendig. Oder immer wieder dieselben Probleme in der Beziehung, immer die gleichen Auseinandersetzungen um gleiche Probleme und die Versuchung, sie immer gleich unproduktiv zu lösen. Manchmal möchte ich alles ganz anders machen."

Ein 42-jähriger Mann: „Der, der immer den gleichen Stein wälzte – so komme ich mir auch vor. Vieles, was früher Herausforderungen waren, sind jetzt keine mehr. Die Mühsal bleibt, aber das Gefühl des Triumphs ist nicht mehr dabei – nur noch die Mühsal. Die Herausforderung besteht wohl darin, diese Mängel zu ertragen. Aber ich resigniere schon ein wenig. Es bleibt auch keine Kraft mehr für etwas anderes. Zudem ist es für alle normal, dass man diese Steine stemmt. Früher wurde ich dafür bewundert, jetzt ist es normal, allenfalls werde ich kritisiert."

Eine 75-jährige Frau: „Sisyphosarbeit. Daran habe ich lange nicht mehr gedacht. Früher, als ich so zwischen vierzig und fünfzig war, da war so viel zu tun und immer wieder von Neuem, da war kein Ende abzusehen. Wenn ich nur an die Berge von Strümpfen denke, die ich immer stopfen musste – und ständig waren sie wieder kaputt. Das empfand ich als sinnlos. Ich habe oft geweint vor Wut. Die Arbeit ist jetzt weniger geworden, die äußere. Eines Tages habe ich das wohl einfach alles akzeptiert. Es hat ja auch eine andere Seite: Wenn zum Beispiel alles doch immer wieder schmutzig wird, dann muss man auch nicht putzen, als putzte man für die Ewigkeit. Das ist halt so, alles wiederholt sich – und das ist auch schön, das gibt auch ein Gefühl des Vertrautseins mit dem Leben; man hat ja auch Strategien, macht es immer ein wenig anders – und irgendwie war ich dann auch immer stolz auf mich. Heute sehe ich das Problem viel mehr innen. Ich habe doch Eigenschaften, die mir immer das Leben schwer gemacht haben – und die es mir noch immer schwer machen. Bewusst setze ich mich damit sicher schon bald dreißig Jahre auseinander: Immer wieder dieser ewige Vaterkomplex. Ich weiß natürlich auch, dass es nicht anders sein kann, ich gebe nicht auf, zu kämpfen."

Ein 73-jähriger Mann: „Ich war Lehrer. Ich wundere mich heute noch, woher ich die Kraft genommen habe, den Schülern immer wieder dasselbe beizubringen, dabei gab es immer ähnliche Probleme, gleiche Fragen. Manchmal dachte ich, es sei echte Sisyphosarbeit, wenn ich entmutigt war, das Gefühl hatte, dass die Schüler das Wesentliche doch nicht lernen. Aber das stimmt natürlich nicht. An Sisyphos habe ich nur gedacht, wenn ich entmutigt war oder wenn ich zu viel wollte.

Jetzt denke ich an Sisyphos im Zusammenhang mit dem Tod. So im Sinne: Ich habe jetzt ein Leben lang meinen Stein gestemmt. Ich bin nicht geflohen. Man könnte ja auch den Stein liegen lassen und weggehen. Und jetzt weiß ich eigentlich gar nicht, ob das richtig war oder nicht." Und dann: „In meinem Alter gibt es auch eine ganz andere Sichtweise: Jetzt befürchte ich gelegentlich, dass ich auch etwas, das sich immer wiederholt hat, zum letzten Mal erlebe. Da wäre ich dann ganz froh um die ewige Wiederholung."

Vergleichen wir diese Aussagen miteinander, dann fällt auf, dass alle von Sisyphos im Zusammenhang mit Arbeit sprechen. Der Mythos vom Sisyphos ist also ein Mythos, den wir mit dem arbeitenden Menschen in Zusammenhang bringen, vielleicht wirklich ein Mythos der Arbeit. Diese Sicht wird auch dadurch nahegelegt, dass wir – und das ist auch schon eine Deutung des Mythos – den Ausdruck „Sisyphosarbeit" kennen. Im Vergleich wird zudem deutlich, dass die Sisyphosthematik eine ist, die sich vor allem in der Lebensmitte stellt. Da wird sie offenbar existentiell erlebt, und ihrer Problematik kann nicht mehr so leicht ausgewichen werden, wie dies im jüngeren Alter möglich ist.

Auch da wird das Thema der Sisyphosarbeit zwar erlebt, auch in Zusammenhang mit Frustration gebracht, aber mit einer Frustration, die vermeidbar ist. Bei den Menschen der Lebensmitte scheint Sisyphosarbeit nicht mehr so leicht vermeidbar zu sein, sie wird als „notwendig" erachtet, und doch ist dieses Notwendigsein in nächster Nähe zum Unproduktivsein angesiedelt. Das Notwendige müsste nicht unproduktiv sein, aber das, was sich hier als notwendige Wiederholung anbietet, nötigt zu der Frage, ob es einen Sinn hat. Die Angst, dass das, was als notwendig erlebt wird, letztlich vielleicht doch falsch sein könnte, zeigt sich deutlich. Vielleicht auch nur die Spannung zwischen dem Wissen, dass nicht alles produktiv sein kann, und einer verinnerlichten Forderung, dass alles produktiv sein muss. Die Notwendigkeit der Wiederholung scheint akzeptiert zu werden und steht doch in Spannung zu der Forderung, dass das Leben sich verändern muss. Das ist die Spannung, die im Mythos von Sisyphos enthalten ist. Diese Spannung legt uns nahe, wieder zu bedenken, ob die Wiederholung jeweils wirklich notwendig ist oder nur ein Versuch, etwas eben gerade nicht produktiv zu lösen.

Die 40-jährige Frau spricht vom Sisyphischen in Zusammenhang mit Beziehungen. Hier wird nun nicht mehr nur die äußere Arbeit unter dem Aspekt der Wiederholung gesehen, sondern auch unser Verhalten in Beziehungen. Die gleichen „Eigenheiten", die sich so wenig verändern, führen immer wieder zu gleichem Verhalten, zu gleichem Leiden aneinander, zu der Form von Streit, die nicht weiterbringt, weil jeder schon weiß, wie es abläuft – „die alte Platte" –, und keiner fähig ist, eine kleine Veränderung anzubringen.

Unproduktiv ist hier wohl der richtige Ausdruck, weil wir so gut wissen, wie unser Partner / unsere Partnerin zu sein hätte. Unproduktiv wohl auch, weil wir uns an diese Wiederholungen gewöhnt haben, vielleicht schon in mehreren Partnerschaften, und nicht mehr erschrecken, auch nicht aufschrecken.

Letztlich stellt sich die Frage, ob wir dem konsequenten Dranbleiben am gleichen Problem auch den richtigen Platz in unserem Leben geben – Sisyphos ist ein Mythos unter vielen – und unter welchen Umständen dieses Dranbleiben sinnlose Wiederholung sein könnte.

Einen ganz anderen Aspekt von diesem Mythos erlebt der 42-jährige Mann. An seinen Einfällen wird deutlich, warum der Sisyphosmythos auch als ein Mythos der etwa Vierzigjährigen bezeichnet werden könnte:

Sehr vieles an Lebensbewältigung – an äußerer Lebensbewältigung – ist gelernt und wird angewendet. Das gute Lebensgefühl, das uns erfüllt, wenn wir erstmals etwas bewältigen, von dem wir dachten, es gehe eigentlich über unsere Kräfte, ist eigentümlicherweise nicht wiederholbar. Im besten Fall bleibt die Erinnerung daran, aber meistens wird die Leistung „gewöhnlich"; man hat sich selbst daran gewöhnt, und die Umwelt hat sich auch daran gewöhnt. An das „Gewöhnlichsein" kann sich dieser Mann nicht gewöhnen, vielleicht auch, weil er für die Arbeit seine ganze Energie einsetzt, keine Kraft für etwas anderes mehr hat.

Haben wir hier einen Menschen vor uns, für den allein dieser Mythos sein gegenwärtiges Leben erklärt, ist sein Leben beherrscht vom Sisyphischen? Hat er vielleicht gelernt, dass durch das treuliche Stemmen des Steins Gipfel erreicht werden?

Immer deutlicher wird, wie wesentlich es ist, dass wir dem Thema des Sisyphischen in unserem Leben eine bestimmte Stelle zuweisen.

Zudem wird hier ein Phänomen deutlich, das nur indirekt mit dem Mythos von Sisyphos zu tun hat, das Leiden an der Sisyphosthematik aber doch wesentlich verstärken kann. Bewunderung ist etwas, das man in der Jugend und im frühen Erwachsenenalter leichter bekommt als später. Da wiederholt sich eben vieles, wird vieles „gewöhnlich", ja sogar erwartet. Wer seinen Selbstwert nicht auch darin finden kann, dass er treulich auch Nichtspektakuläres erfüllt, wer Mühe hat mit der Gewöhnlichkeit, für den wird das Sisyphische noch quälender, als es eh schon ist. Es ist notwendig, in diesen Wiederholungen einen Sinn zu finden, im Leben, das vom Tod begrenzt ist, einen Sinn zu finden.

Meine These, dass die Sisyphosthematik eine Thematik der Vierzigjährigen ist, wird unterstützt durch die Aussage der 75-jährigen Frau zu diesem Thema: Sie erinnert sich an die Zeit zwischen vierzig und fünfzig. Bei ihr wird die Sinnlosigkeit sehr deutlich, die sie empfand angesichts der Strümpfe, die immer wieder durchlöchert waren, die Wut angesichts einer Arbeit, die nie zu bewältigen war. Und dann hat sie das alles einfach akzeptiert als Aspekt des „endlichen Lebens", als Ausdruck dafür, dass viel menschliches Tun eben nicht für die Ewigkeit gedacht ist. Sie hat einen Sinn für menschliches Maß bekommen: Die Bemühung wird nicht mehr entwertet, weil sie nichts Absolutes hervorbringt, die ewige Wiederholung wird akzeptiert. In der ewigen Wiederholung wird das „Vertrautsein" mit dem Leben gesehen. Wir wiederholen ja zum Beispiel auch Lehrstoffe, um sie uns einzuprägen. In der Wiederholung prägt sich uns auch Leben ein, werden wir nicht ständig mit neuen, unüberschaubaren Situationen konfrontiert.

An dem, was diese Frau erzählt, wird auch sehr deutlich, wie eine Phase des Lebens, in der die Sisyphosthematik dominiert, überwachsen werden kann: Sie litt zunächst darunter, lehnte sich auch dagegen auf, akzeptierte sie dann als eine mögliche Lebensthematik. Dadurch wurden absolute Strebungen relativiert, und das Positive der Wiederholung, das Gefühl der Geborgenheit in der Wiederholung konnte erlebt werden. Dann aber zeigt sie auch auf, wie sie das Bedürfnis nach Veränderung einbringt, das ja jedem Leben grundsätzlich eignet: Die zwar immer sich ähnelnden Aufgaben hat sie immer wieder ein wenig anders angepackt, neue Strategien erfunden, und darauf war sie stolz. Sie hat die Freiheit, die ihr auch in diesen festgelegten Situationen möglich war, ausgeschöpft. Die kleine mögliche Veränderung kann an die Stelle des großen unmöglichen Entwurfs treten, wenn die Wiederholung akzeptiert wird.

Und doch taucht die Sisyphosthematik von einer anderen Seite neu auf. Wurde die Sisyphosarbeit zunächst in der Bewältigung des äußeren Lebens gesehen, im Immer-wieder-von-vorne-beginnen-Müssen, im Nie-wirklich-an-ein-Ende-Kommen, spricht sie dann von „inneren Problemen", von Eigenheiten an ihr, die ihr das Leben immer schwer gemacht haben und die es ihr immer noch schwer machen. Sich selbst in seiner Eigenart zu tragen und zu ertragen, sich selbst in seinen mühsamen Seiten auszuhalten, das wird hier als Sisyphosarbeit bezeichnet.

Eine ähnliche Perspektive berührt der 73-jährige Lehrer, wenn er sagt, dass er heute das Thema Sisyphos im Zusammenhang mit Tod sehe. Er identifiziert sich in gewissem Maße mit Sisyphos, der ein Leben lang den Stein gestemmt hat, der immer die Aufgaben angepackt hat, die sich ihm gestellt haben, der die Mühsal des Lebens auf sich genommen hat, der nicht geflohen ist. Aber jetzt zweifelt er an der Richtigkeit seines Verhaltens. Was meint er, wenn er sagt, er habe „den Stein gestemmt"? Er dachte dabei an Pflichterfüllung und ist heute der Ansicht, man hätte manchmal auch den Stein ruhen lassen können. Nimmt man seine Aussage radikaler, wäre der Stein nicht nur Symbol für die Pflicht, sondern Symbol für die ganze Mühsal der eigenen Existenz, dann hieße den Stein aufgeben sein Leben aufgeben, kapitulieren. Daran dachte er nicht.

Das wird auch daran deutlich, dass er sich gern an einen Beruf zurückerinnert, in dem sich sehr viel Wiederholen ereignete, der sehr viel Beweglichkeit im Wiederholen erforderte, in dem nicht die Wiederholung des Stoffes das Eigentliche war, sondern der pädagogische

Eros, der nicht nachlassende Wille, den neuen Schülern immer wieder etwas zeigen zu wollen, auch wenn es für den Lehrer Wiederholung war. Der Zwang zur Wiederholung ist die Herausforderung zur Kreativität innerhalb der Wiederholung. Wiederholung ist nur ein Strukturelement des Daseins, das den Tod kennt; was innerhalb der Wiederholung aufleuchtet, das ist das Wesentliche. Zur Sisyphosarbeit wurde ihm diese Anstrengung erst, wenn er entmutigt war oder wenn er zu viel wollte.

Hier wird nun deutlich, dass Sisyphosarbeit nicht einfach Sisyphosarbeit ist, sondern dass Arbeit auch zu Sisyphosarbeit werden kann, dann, wenn sie uns besonders schwerfällt, sei dies nun, weil wir zu hohe Ansprüche haben, sei es, weil wir uns – wie etwa hier – auch im Sinne eines zu hohen Anspruchs an uns selbst übernehmen, indem wir zum Beispiel ununterbrochen erwarten, dass wir mit pädagogischem Eros am Werk sind und uns auch innerhalb der Wiederholung ständig inspirieren. Dabei hat nicht einmal Sisyphos den Stein abwärtsgestoßen; er hat ihn rollen lassen! Bei dem Lehrer aber bekommt man den Eindruck, dass er mit dem Stemmen des Steins durchaus einverstanden gewesen ist – er hätte sich, im Nachhinein gesehen, nur größere Freiräume zugestehen müssen.

Er fügt an – und das ist auch altersspezifisch –, dass er befürchtet, dass einiges im Leben nicht mehr wiederkehren könnte, und er sieht das als Verlust. „Schon jetzt bittet mich niemand darum, noch einmal eine Regel zu erklären, die ich Hunderte von Malen unter innerlichem Aufbegehren erklärt habe. Heute täte ich es gern."

Die Einfälle von Menschen verschiedener Altersstufen haben uns Erlebnisperspektiven, die sie mit diesem Mythos in Zusammenhang bringen, nähergebracht. Der Mythos scheint sehr viel mit dem Bewältigen von Alltagsrealität zu tun zu haben. Diese Last kann aber auch in unseren Beziehungen als Last des immer gleichen – der Beziehung nicht zuträglichen – Verhaltens gesehen werden, als Last, zu der man sich im Miteinanderleben gegenseitig wird und die man dann auch miteinander trägt. Diese Last kann auch als das Aushalten seiner eigenen mühsamen Seiten gesehen werden. In allen Äußerungen wird deutlich, dass das Leben das Strukturelement der Wiederholung kennt, und doch wird an dieses Prinzip Wiederholung auch misstrauisch die Frage gestellt, ob es notwendig ist oder unserer Angst vor Veränderung entspringt. Diese Wiederholung hat viel zu tun mit dem ganz gewöhnlichen Leben, mit der Erfahrung, dass nicht ständig höchste Gipfel zu erklimmen sind, nicht ständig „Gipfelerlebnisse" dem Menschen zustehen. Die Wiederholungen werden aber natürlicherweise auch immer mehr, je älter die Menschen werden, Wiederholung ist ja eine Folge der Zeit. Es scheint, dass sich Menschen in der Mitte des Lebens damit wesentlich schlechter abfinden können als ältere Menschen; für die Vierzigjährigen ist der Beginn des erlebbaren Alterns schmerzhaft, weil so vieles sich wiederholt und gerade in dieser Wiederholung so oft doch immer wieder von vorn angefangen werden muss. Mit dem Erlebnis des Sisyphischen ist immer auch die Frage nach dem Sinn verknüpft.

Aber auch das Loslassen ist dabei ein Thema. Eine 41-jährige Frau beklagt sich darüber, dass sie spürt, dass sie auch noch eine andere sein könnte, eine andere sein müsste. Das sieht sie als Hintergrund ihrer immer wieder auftauchenden depressiven Verstimmungen. Sie fühlt sich aber so eingebunden in Arbeit, Erziehung der Kinder, Sorge um ihre alten Eltern, dass keine Energie, kein Raum, keine Zeit dafür bleiben. Ihre Erfahrungen sind typisch für die Krise in der Mitte des Lebens, bei der es darum geht, sich noch einmal neu mit sich auseinanderzusetzen, zu erfahren, welche Aspekte des Selbst jetzt gelebt werden müssten, damit das Leben sinnvoll erscheint.[3] Im Erleben dieser Frau verhindert die ewige Wiederkehr von so vielen alltäglichen Verpflichtungen notwendige Veränderungen. Da fragt man sich: Kann sie vielleicht nicht loslassen? Der mythologische Sisyphos musste immer einmal den Stein loslassen: Er wurde überschwer.

Zur Sisyphosarbeit scheint gewisse Arbeit dann zu werden, wenn wir zu viel wollen, wenn wir zu sehr dem Absoluten verpflichtet sind und das Endliche unserer Existenz zu wenig akzeptieren können. In der Dynamik von großen Erwartungen, die dann enttäuscht werden, erleben wir die Qualen des Sisyphos. Zur Sisyphosarbeit wird eine gewisse Arbeit aber auch dann, wenn wir, einem linearen Denken verpflichtet, meinen, zu einem Ende kommen zu müssen mit Arbeiten, die nie zu Ende sein können, wenn es uns nicht gelingt, auch zyklisch zu denken.

Überlegungen zum mythischen Bild

„Ja auch zu Sisyphos sah ich hinein,
der leidend sich plagte;
schob er ja doch einen riesigen Block
mit beiden Händen.
Wahrlich, er stieß ihn hinauf bis zum Gipfel
und stemmte dagegen,
brauchte Füße und Hände;
doch war es so weit,
dass die Höhe endlich er hatte,
da drängte die Überschwere
ihn abwärts.
Wieder dann rollte der schamlose Stein
in die Felder hinunter.
Aber er fing wieder an sich zu plagen und stieß,
dass der Körper
triefte von Schweiß;
um den Kopf aber kreiste
von Staub eine Wolke.'"[4]

Diesen Ablauf kann man sich leicht vorstellen. Für mich überwiegt zunächst der Eindruck des „Steinernen". Der Eindruck von größter menschlicher Anstrengung, diesem Stein den menschlichen Willen aufzuzwingen, überwiegt. Die Anstrengung, das Loslassenmüssen und die Entschlossenheit, mit der Sisyphos immer wieder den Stein aufnimmt, sind wesentlich in diesem Text von Homer. Mit Füßen und

Händen muss er stemmen, der Körper trieft von Schweiß, um den Kopf kreist eine Wolke aus Staub.

Es ist ein Bild der größten Konzentration und der größten Präsenz – und deshalb wohl kann Sisyphos auch auf nichts anderes achtgeben als eben auf diesen Stein und damit auf seine Anstrengung, die ihn ganz fordert. Sisyphos müsste sich in dieser Situation intensiv spüren, so wie wir uns auch spüren, wenn wir voll auf eine Aufgabe konzentriert sind, eins mit ihr sind, und gerade dann ein Erlebnis von Kraft haben und uns unserer selbst ganz inne sind, weil wir uns selbst nicht mehr ansehen. Es sind Momente, in denen ein Mensch über sich hinauswachsen kann. Es ist ein Erlebnis mit sich selbst und an sich selbst – ein Erlebnis des Selbst-Seins in der Selbst-Vergessenheit.

Sisyphos hat keine Zuschauer: Es geht bei diesem Teil des Mythos nicht darum, dass ihn jemand bewundert, es ist keine narzisstische Machtdemonstration im Sinne von „Schaut einmal her …". Es ist ein Kampf, der ganz einsam bestanden wird. Ganz kurz aber bevor er das Ziel erreicht hat, drängt die „Überschwere" den Stein abwärts, wird die Hoffnung, die in diesem konzentrierten Einsatz enthalten ist, enttäuscht. Kurz vor dem Ziel, da, wo es am ärgerlichsten ist und am häufigsten sich ereignet, da scheitert er. Wähnte sich Sisyphos vielleicht zu früh am Ziel, wie wir Menschen das oft tun und dann in unserer Konzentration nachlassen?

Ging es ihm vielleicht gar nicht darum, den Stein wirklich an ein Ziel zu bringen, sondern ging es ihm darum, diesen Stein in höchster Konzentration so weit wie möglich zu stemmen? Geht es ihm vielleicht mehr um sein Auf-dem-Weg-Sein in dieser Intensität und gar nicht so sehr um das Erreichen des Ziels?

Wir wissen, dass der Stein nie ans Ziel kommen wird – im Mythos. Im Nachdenken darüber werden wir mit unserer eigenen Angst davor konfrontiert, dass unsere Bemühungen letztlich scheitern, dass alles umsonst sein könnte, unsinnig, absurd, vergeblich. Das lässt uns einen Sinn in diesem vordergründig unsinnigen Mythos suchen.

Eigentümlich ist, dass von Sisyphos keine Reaktion übermittelt ist auf das erneute Herabrollen des Steines in die Felder hinunter. Der Stein wird schamlos genannt, auch unverschämt. Und etwas ratlos fragt man sich: Wofür soll sich denn der Stein schämen, etwa für seine Überschwere? Von Sisyphos aber hören wir kein Wort.

Aber was ist in dem Moment, in dem der Stein in die Felder hinunterrollt? Ich stelle mir vor, dass Sisyphos auf die Seite springt, schwer atmend, aufatmend stehen bleibt und dann ins Tal schreitet.

Gehetzt? Nachdenklich? Ent-lastet? Hat er vielleicht gar Augen für die Umgebung? Tritt er, der so sehr nur mit dem Stein und mit dem Fels in Kontakt ist, etwa mit der Landschaft in Beziehung? Davon erzählt Homer nichts. Die Phase des Entlastetseins ist nicht wichtig, wichtig ist die Phase des Belastetseins, die Phase, in der er immer wieder die Last auf sich nimmt. Camus[5] indessen interessiert gerade Sisyphos auf dem „Rückweg", „während dieser Pause": „Ich sehe, wie dieser Mann schwerfälligen, aber gleichmäßigen Schrittes zu der Qual hinunter geht, deren Ende er nicht kennt.

Diese Stunde, die gleichsam ein Aufatmen ist und ebenso zuverlässig wiederkehrt wie sein Unheil, ist die Stunde des Bewusstseins." Wenn wir uns aber mit diesem Mythos beschäftigen, dann steht es uns frei, auch anders hinzusehen, als es die getan haben, die diesen Mythos schriftlich niedergelegt haben. Mythen stimulieren unsere Phantasie!

Homer spricht von einem Block, den Sisyphos wohl einen Berg hinaufstemmen muss, denn es ist von einem Gipfel die Rede. Dieser Block wird auf antiken Vasen – auch das sind natürlich Interpretationen des Mythos – manchmal rund, als Kugel, manchmal als Felsblock dargestellt. Diese Blöcke oder Felsen sind im Vergleich zum Menschen Sisyphos immer in Übergröße gezeichnet, und es mutet als Wunder an, dass ein Mensch überhaupt einen solchen Block stemmen kann.

Steine, wie wir sie in der Natur vorfinden, sind einfach einmal da; wenn sie bewegt werden sollen, dann müssen sie von außen bewegt werden. Da sie ihre Härte, ihre Festigkeit, Kantigkeit und ihr Gewicht unseren Absichten entgegenstellen, ist es oft recht schwierig, einen Stein in Bewegung oder gar ins Rollen zu bringen. Sisyphos bringt den Stein in Bewegung, und der gerät auch ins Rollen, immer wieder. Nur das vom Mythos uns nahegelegte Ziel, den Stein auf den Gipfel zu bringen, schafft er nicht. Aber auch das ist schon wieder eine Perspektive, die versucht, eine andere Bedeutung in diesem Mythos zu sehen. Solche Interpretationen drängen sich auf, weil es so sehr schwer ist, nur dieses sinnlose Immer-wieder-von-vorne-beginnen-Müssen zu sehen. Aber gerade das Quälende dieser Situation macht den Blick frei für Dimensionen des Mythos, die vordergründig nicht angesprochen sind: auf den halbwegs „freien" Weg hinunter ins Tal, auf den Sinn, der auch in diesem vordergründigen Scheitern liegen könnte.

Dennoch: Im Mythos geht es zunächst um Scheitern, und Sisyphos gibt nicht auf, darf nicht aufgeben, kann nicht aufgeben, versucht immer wieder von Neuem, setzt immer wieder an. Stur, zwanghaft oder hoffnungsvoll, voll Selbstvertrauen oder voll Trotz? Ist er Symbol für die Hartnäckigkeit, mit der Menschen scheinbar Aussichtsloses doch schaffen wollen, Symbol auch dafür, dass Absicht und Wunsch des Menschen und seine Kraft trotz aller Zähigkeit nie in einem richtigen Verhältnis zueinander stehen? Ist Sisyphos das Modell für den Menschen in seiner Maßlosigkeit, für den Menschen ohne Maß, der auch oft ein Ver-messener ist?

Dazu ein Text aus den Maximen und Reflexionen von Johann Wolfgang von Goethe:

„Der wunderbarste Irrtum aber ist derjenige, der sich auf uns selbst und unsere Kräfte bezieht, dass wir uns einem würdigen Geschäft, einem ehrsamen Unternehmen widmen, dem wir nicht gewachsen sind, dass wir nach einem Ziel streben, das wir nie erreichen können. Die daraus entspringende Tantalisch-Sisyphische Qual empfindet jeder nur um desto bitterer, je redlicher er es meinte. Und doch sehr oft, wenn wir uns von dem Beabsichtigten für ewig getrennt sehen, haben wir schon auf unserem Wege irgendein anderes Wünschenswertes gefunden, etwas uns Gemäßes, mit dem uns zu begnügen wir eigentlich geboren sind."[6]

Für Goethe ist deutlich der maßlose Anspruch, die Selbstüberschätzung Grund dafür, dass wir „Tantalisch-Sisyphische Qual" leiden müssen. Interessant ist, dass er hier Tantalus und Sisyphos zusammenbringt. Tantalus, Sisyphos und Prometheus sind die bekannten Büßer in der Unterwelt. Tantalus prüfte die Allwissenheit der Götter, indem er ihnen seinen Sohn als Speise vorsetzte. Zur Strafe muss er in der Unterwelt ewigen Hunger und Durst erleiden; über ihm ist zwar ein Baum mit Früchten, aber der weicht zurück, wenn er sich nach den Ästen ausstreckt. Unter ihm ist ein See, der sich auch zurückzieht, wenn Tantalus aus ihm schöpfen will. Er muss ewig Hunger und Durst leiden.

Prometheus brachte den Menschen das Feuer. Für diesen Feuerraub wurde er im Kaukasus an einen Felsen geschmiedet, tagsüber fraß ein Adler seine Leber, die nachts jeweils wieder nachwuchs.

Sisyphos muss immer den gleichen Stein wälzen. Tantalus, Sisyphos und Prometheus, sie alle maßen sich mit den Göttern, versuchten, sich den Göttern überlegen zu erweisen – und wurden dafür bestraft.

Selbstüberschätzung oder der Versuch, über sich selbst hinauszugelangen? Nach Goethe erreicht man dadurch nicht unbedingt das angestrebte Ziel, aber auf dem Weg das einem Gemäße.

Vielleicht aber ist der Mythos von Sisyphos auch ein Symbol dafür, dass im menschlichen Leben trotz aller Bemühungen nie wirklich etwas zu einem Ende zu bringen ist, nie vollendet werden kann, weil gerade das Ausdruck des Lebens ist, dass alles immer wieder weitergeht, solange wir leben.

Sagt uns der Mythos aber, dass der Mensch sich anstrengen kann, sosehr er will, dass er letztlich doch nie auf einen grünen Zweig kommt, dann fragt man sich, warum Sisyphos nicht aufgibt. Der Mythos sagt: Es ist seine Strafe, dass er nicht aufgeben kann.

Es gibt Menschen, deren Verhalten sich im Verhalten von mythischen Gestalten widerspiegelt. Der Aspekt des Nicht-aufgeben-Könnens zeigt sich in der menschlichen Problematik genauso wie der des zu rasch Loslassens.

Erstes Beispiel
Die immer zu wiederholende Prüfung
Ein nicht mehr junger Mann will unbedingt eine Prüfung machen in einem Fach, das ihm wohl nicht besonders liegt. Er plagt und quält sich, manchmal wird er vor Beginn der Prüfung krank, zweimal schon ist er gescheitert, ein drittes Mal darf er noch antreten. Er überfordert sich, aber das will er nicht sehen, darf er nicht sehen. Wie Sisyphos beginnt er immer wieder neu, mit einer ungeheuren Zähigkeit.

Von außen wirkt er vollkommen fixiert auf diese Idee, die Prüfung zu machen. Nichts anderes interessiert ihn, auch der Lehrstoff nicht, nur die Vorstellung, diese Prüfung zu machen. Er wirkt stur, extrem zwanghaft. Wenn er scheitert, schimpft er auf alle die, die ihn scheitern ließen, auf deren Dummheit. Nach zwei Tagen holt er wieder seine Unterlagen hervor: Er will es allen zeigen, dass er es kann, dass er ungerecht behandelt wird. Er will nicht aufgeben, er kann wohl auch nicht aufgeben, um nicht sein Bild von sich selbst zu verlieren und in eine tiefe Selbstwertkrise zu stürzen.

Zweites Beispiel
Das Bild, das immer wieder gemalt werden muss
Eine Malerin will ein Bild malen, das sie vor ihrem inneren Auge sieht, ein Bild, das ihr sehr wichtig ist. Sie malt. Für einen Betrachter ist das Bild sehr aussagekräftig, für sie trifft es nicht ihr inneres Bild. Sie malt ein nächstes, ein übernächstes, ein überübernächstes Bild – von außen gesehen wirkt ihr Tun wie besessen. Sie ist besessen von der Idee, dieses innere Bild mit seiner Ausstrahlung in einem äußeren Bild darzustellen. Sie leidet darunter, dass es nicht geht, wird körperlich krank – und malt weiter. Sie leidet darunter, dass sie für nichts anderes mehr frei ist – und hofft, im richtigen Augenblick das Bild malen zu können, das ihr vorschwebt. Sie scheint besessen zu sein von ihrer Idee – und kann nicht loslassen, nicht darauf vertrauen, dass eine schöpferische Pause auch ihren Sinn haben könnte. Die Frau hat genug Energie, immer wieder zu beginnen, am Thema zu bleiben, weil sie die Hoffnung hat, dass es ihr gelingt, weil aber auch von ihrer Psyche her dieser ungeheure Drang da ist, dieses und kein anderes Bild zu gestalten. Sie ist ganz gepackt von dieser Idee, genauso wie der Student gepackt ist von der Idee, die Prüfung zu bestehen.

Und doch ist ein Unterschied zu spüren. Bezeichnete ich den Durchhaltewillen des Studenten in dieser Situation als stur, dann würde ich den Durchhaltewillen der Malerin niemals als stur bezeichnen. Ich würde es deshalb nicht tun, weil bei der Malerin durchaus Hoffnung auf Veränderung besteht, beim Studenten aber kaum, und weil bei diesem zudem der Weg, den er bei seinen Versuchen zurücklegt, zwar mit viel Arbeit belastet ist, ihn auch quält, er aber nicht wirklich eine Bereicherung aus dem ziehen kann, was er lernt. Für die Malerin hingegen ist jedes Bild, das sie malt, zwar nicht Ausdruck dessen, was sie wirklich letztlich malen will, aber jedes Bild drückt etwas aus, sie lernt mit jedem Bild und drückt das auch aus, wenn sie sagt: „Ich mache große Fortschritte in meinem Ausdruck, jedes Bild lehrt mich auch etwas, aber es gelingt mir nicht, *das* Bild zu malen."

Sisyphos: Ist er ein Modell für den Menschen, der von dem sich einmal gesetzten Ziel nicht lassen kann und will und daher, trotz aller Anstrengung, starr wirkt, stur, für den der Weg nichts bedeutet und das Ziel alles, wobei er gerade deshalb das Ziel nie erreicht, dem wir deshalb, und nun von außen betrachtet und beurteilt, seine Hoffnung absprechen – oder ist er ein Modell für den Menschen, der von einer Idee gepackt ist, diese ausdrücken will, der konsequent und mit ungeheurer Beharrlichkeit an der Aufgabe bleibt, der den Weg mindestens so sehr im Auge hat wie das Ziel und dem wir von außen „berechtigte Hoffnung" attestieren?

Der Unterschied scheint klein zu sein und ist doch enorm groß. Im Fall des Studenten ist der Stein, den er sich aufgeladen hat, wirklich zu groß, im Falle der Malerin kann der Stein auch zu groß sein, aber sie wächst mit ihrem Stein, und damit ihre Kunst, indem sie es immer wieder von Neuem versucht. Und auch wenn es so aussieht, als würde sie immer dieselbe Arbeit machen, so verändert sich doch immer etwas. Um es im mythologischen Bild auszudrücken: Sowohl der Stein als auch der Weg, den sie mit dem Stein nimmt, und der Weg, den sich der Stein beim Herabrollen nimmt, verändern sich, fast nicht merkbar von einem zum andern Mal, durchaus merkbar jedoch, sieht man die Versuche an, die Wochen auseinander liegen.

Und wenn wir den Stein des Sisyphos als realen Stein ansehen wollen, dann wäre es natürlich möglich, dass auch der sich mit der Zeit verändert, dass er abgeschliffen wird, dass er dank seiner veränderten Form, dank dem veränderten Schwung auch andere Wege nimmt beim Herunterrollen.

Den beiden Menschen in meinem zitierten Beispiel ist gemeinsam, dass sie sich nicht befreien können von ihrem Stein, sie müssen ihn stemmen, und dies nimmt im Moment ihre ganze Kraft in Anspruch, sie haben keine Freiheit, sich davon zu distanzieren, erleben aber auch beide diese Situation nicht als sinnlos, sondern als sinnvoll. Loslassen können sie beide nicht.

Von außen gesehen aber scheint es, als ob der eine Versuch sinnlos, stur und daher abzubrechen wäre und der andere sinnvoll. Diese Beurteilung ist eng damit verbunden, ob wir Hoffnung oder Hoffnungslosigkeit in die Situation hineinsehen. Damit verbunden ist aber auch die Frage, ob die Anstrengung auch die Erfahrungen auf dem Weg mit einschließt oder nur auf ein Ziel hingeht, ob eine gewisse Hoffnung auf Veränderung besteht.

Hoffnung und Hoffnungslosigkeit oder Erwartung und Enttäuschung

Überlegungen zu Hoffnung oder Hoffnungslosigkeit im Zusammenhang mit diesem Teil des Sisyphosmythos wurden schon immer angestellt, vor allem von Albert Camus in seinem Buch „Der Mythos von Sisyphos. Ein Versuch über das Absurde". Für ihn ist Sisyphos ein tragischer, ein absurder Held. Er kennt die Strafe der Götter, das Wälzen des Steins, und er weiß, dass er keinen Erfolg haben wird. Er hofft auf keine Gnade, keinen Gott; er ist hoffnungslos – ohne Hoffnung und ohne Illusion – und stemmt den Stein dennoch. Dadurch aber nimmt er sein Schicksal in seine Hand, lässt sich von den Göttern letztlich nicht besiegen. Ohne Hoffnung und ohne Illusion zu sein meint immer auch ohne Zukunft. Sisyphos würde ganz in dem Jetzt und Hier leben – ohne Frage nach Lohn, mit der „verschwiegenen Freude", dass sein Schicksal ihm gehört: „Sein Fels ist seine Sache."[7]

Folgen wir zunächst einmal Camus in seiner Argumentation. Hinter den großen Anstrengungen ist kein Sinn verborgen, der lohnen würde, keine bessere Zukunft, die man sich dabei erarbeitet. Das ist alles Illusion. Aber obwohl alles Illusion ist, flieht Sisyphos nicht – das Buch von Camus handelt in wesentlichen Teilen die Frage ab, ob man angesichts des Absurden Selbstmord begehen solle oder nicht. Fliehen wäre Selbstmord, Sisyphos flieht nicht, er stemmt seinen Stein.

Und darin liegt seine Würde, dass er nicht aufgibt, nicht flieht, sondern für seine Sache verantwortlich bleibt. Keinen Gott macht er dafür verantwortlich, sondern sich selbst. Und zwar für den Teil, der in seiner Kraft liegt. Das ist eine zentrale Aussage des französischen Existentialismus, die auch im Motto vorweggenommen ist, das Camus seinem Buch vorausschickt:

„Liebe Seele, trachte nicht
nach dem ewigen Leben,
sondern schöpfe das Mögliche aus."
PINDAR, DRITTE PYTHISCHE ODE

Diese Haltung steht einer Haltung der Flucht gegenüber, einer Flucht in die Illusion, in den Tod. Natürlich ist der Mensch auch ein Fluchtwesen, und es ließen sich viele Mythen und Märchen beibringen, in denen Götter und Göttinnen, Helden und Heldinnen auf der Flucht sind. Der Sisyphosmythos ist aber kein Mythos des fliehenden Menschen, er ist ein Mythos des standhaltenden Menschen, der sein Möglichstes gibt.

Dadurch aber, dass das Universum keinen Herrn mehr kennt, argumentiert Camus weiter – eine eigentümliche Argumentation, wenn wir bedenken, dass Sisyphos ja immer noch unter der Strafe dieser Götter steht, die nun nach Camus dadurch abgeschafft sind, dass Sisyphos die Strafe akzeptiert, nicht um Gnade winselt und auch nicht weggeht –, ist dieses Universum „weder unfruchtbar noch wertlos"[8]: „Jedes Gran dieses Steines, jeder Splitter dieses durchnächtigten Berges bedeutet allein für ihn eine ganze Welt. Der Kampf gegen

Gipfel vermag ein Menschenherz auszufüllen. Wir müssen uns Sisyphos als einen glücklichen Menschen vorstellen."⁹

Diese Sicht des Mythos von Camus legt zunächst einen faszinierenden Blick frei auf Sisyphos als Modell für einen Menschen, der ohne Hoffnung auf Erfolg und ohne Hoffnung auf Veränderung seiner Situation das ihm Zugedachte erfüllt, auch wenn es als Strafe gedacht ist. So wäre Sisyphos ein Symbol für alle jene Situationen, in denen Menschen, die auch keine Hoffnung auf Veränderung spüren, einfach einmal das Nächstliegende tun, allerdings doch in der Hoffnung, dass sich irgendwann das Geschick wieder ändern wird. Wundern wir uns über so viel Heroismus, bewundern wir ihn gar? Bei genauerem Hinsehen wird dieser Heroismus problematisch.

Nicht nur die Hingabe an die Sache, auch wenn sie aussichtslos erscheint, motiviert nach Camus Sisyphos, sondern auch die Tatsache, dass er damit die Götter außer Kraft setzt, er erweist sich den Göttern gegenüber als der Stärkere. Aus der Perspektive der Tiefenpsychologie betrachtet, hätten wir einen Menschen vor uns, der mit dem Aufbieten aller seiner Ich-Kräfte, seines ganzen Willens, eine Aufgabe vollbringt, der aber nie schwach sein dürfte, dem auch nie etwas anderes einfallen dürfte, der nichts außer der Anstrengung genösse. Einen Menschen, der sich außerordentlich anstrengt, um zu zeigen, dass er selbst alles kann, was er will, dem keine unbewussten Tendenzen die bewussten Absichten durchkreuzen. Er hält alles immer unter Kontrolle – und scheitert doch immer wieder.

Wenn wir Sisyphos als Modellhelden für den Menschen sehen, wie er im französischen Existentialismus gezeigt wird (ein Vorschlag von Bollnow[10]), dann zeigen sich an diesem mythologischen Bild sehr deutlich Stärke und Schwäche dieses Existentialismus: Die Stärke besteht in diesem Stehen zu sich selbst, in diesem Nichtaufgeben, sich nicht ständig im Bewältigen seines Schicksals von einem andern Menschen oder einem Gott vertreten zu lassen. Die Verantwortlichkeit für sich selbst, auch ohne Aussicht auf irgendeinen Erfolg, wird deutlich wahrgenommen. Wie immer das Schicksal auch ist, der Mensch hat die Möglichkeit, an diesem Schicksal etwas zu verändern, er soll das Mögliche tun. – Eine Aussage, die gerade auch für Psychotherapeuten sehr wesentlich ist. Wie oft sind wir in der Situation, dass Analysanden gerade dadurch, dass sie verstehen lernen, wie sehr gegenwärtiges Verhalten mit ihren Erlebnissen in der Kindheit zu tun hat, ständig Vater oder Mutter oder ein Schicksal „verantwortlich" machen für aktuelle Schwierigkeiten und dass so das Prinzip der Selbstverantwortung sehr in den Hintergrund rückt. Da kann die Idee des französischen Existentialismus korrigierend wirken: Was immer in unserer Kraft liegt, das müssen wir tun, um unser Leben zu verändern.

Die Schwäche des französischen Existentialismus indessen zeigt sich vor allem in dem, was in diesem Modell fehlt: Der Mythos von Sisyphos ist ein völlig unerotischer Mythos. Der ganze Aspekt der Liebe und der Beziehung zu Menschen ist ausgespart, aber auch der ganze Bereich des Loslassenkönnens, des Sichhingeben- und Vertrauenkönnens, wenn es um Hingabe und Vertrauen in anderes als in die eigene Kraft und den eigenen Willen geht. Damit ist aber auch der ganze Bereich des Metaphysischen und der Hoffnung ausgespart. Es ist nicht von ungefähr, dass Gabriel Marcel etwa zur gleichen Zeit, als Camus den Sisyphos veröffentlichte, die „Philosophie der Hoffnung" herausgab. Gegen diese so ausschließliche Betonung des Jetzt und Hier und der Fähigkeit des menschlichen Willens setzt Marcel Vertrauen, Hoffen, das Geheimnis der Liebe.[11] Hoffnung wird dabei zum Antipoden der Anmaßung und des Trotzes. Camus und Marcel zeigen zwei verschiedene Aspekte des Menschenbildes auf, jede Haltung kann in einer gewissen Lebenssituation wesentlich sein; beide Haltungen miteinander, in ihrer Spannung, scheinen mir das Menschsein auszumachen.

Würde Camus in seiner Auslegung des Mythos von Sisyphos nur davon sprechen, dass ein Mensch, von den Göttern letztlich zu einem absurden Schicksal verdammt, dieses Schicksal auf sich nimmt, an diesem Schicksal arbeitet und dabei den Göttern auch die Stirn bietet – obwohl mir das so ganz ohne Hoffnung doch sehr schwierig erscheint –, so wäre wenig dagegen einzuwenden. Es gibt Phasen im Leben eines jeden Menschen, während deren man in dieser Haltung leben muss: Phasen, in denen gerade diese Haltung, auch im Bewältigen des Alltäglichen, einem die Kraft gibt, mit seinem Schicksal zu leben, wo man auch überhaupt erst einmal seine eigene Kraft im Anleben gegen das Schicksal erfahren kann. Es ist unvermeidbar, dass man ein Schicksal hat. So sind wir nicht gefragt worden, bei welchen Eltern wir geboren werden wollen, ob wir überhaupt geboren werden wollen. Dennoch können und müssen wir unser Schicksal zu unserer eigenen Sache machen, uns nachträglich einverstanden erklären mit unserem Hiersein und unser Leben gestalten.

Aber wenn Camus nun auch noch sagt, man müsse sich Sisyphos als glücklichen Menschen vorstellen, dann wundere ich mich, warum er überhaupt diese Kategorie hier einführt. Würde er sagen, dass er diesen Menschen als einen sieht, der in höchster Intensität lebt (vivre le plus), sein Leben wirklich wagt, ich würde gerne mit seiner Argumentation mitgehen. Aber glücklich? Wäre „würdig" nicht der richtigere Ausdruck? Ich möchte hier weder eine Würdigung noch eine Kritik des von Camus vertretenen Existentialismus vorbringen – dazu beziehe ich mich hier auf eine zu schmale Textbasis – noch darüber befinden, ob Sisyphos ein glücklicher Mensch ist oder war. Oder was er unter Glück versteht. Mir geht es vor allem um die Fragestellung nach Hoffnung beziehungsweise Hoffnungslosigkeit.[12]

Das scheint mir eine ganz zentrale Frage zu sein, wie ich auch Hoffnung und Hoffnungslosigkeit für zentrale Emotionen im menschlichen Leben halte. Natürlich öffnet die Hoffnung immer den Blick auf die Zukunft, auf Veränderung, damit auf schöpferische Veränderung. Hoffnung beflügelt uns, Hoffnung tröstet uns, gaukelt uns aber auch manchmal etwas vor, hindert uns daran, das uns Mögliche wirklich zu tun; wir hoffen etwa nur auf Veränderung und verändern nicht, was aktuell verändert werden muss. Das bringt zuweilen die Hoffnung in Verruf.

Hoffen ist aber nicht einfach ein zaghaftes Warten auf ein „Vielleicht", ein Bauen von Luftschlössern. Hoffen ist letztlich Vertrauen darauf, dass etwas im Leben uns trägt, dass das Ganze des Lebens und die eigene Intention in einen Zusammenhang gebracht werden können. In der Hoffnung liegt letztlich eine Form der Geborgenheit. Hoffnung transzendiert auch immer das Jetzt und Hier, transzendiert den bewussten Willen. Die Hoffnung gibt uns normalerweise die Kraft, etwas in Angriff zu nehmen im Vertrauen darauf, dass sich etwas verändern wird oder dass das Aushalten zumindest einen Sinn hat.

Und Sisyphos soll nun immer wieder diese immense Energieleistung aufgebracht haben, trotz allen Scheiterns, ohne jede Hoffnung? Bedenken wir die Argumentation von Camus genauer, dann stellt sich heraus, dass auch er nicht ganz ohne Hoffnung auskommt. Zwar weiß Sisyphos, dass er nie an ein Ende gelangen wird – und da er im Jenseits ist, ist die Wiederholung wirklich als „ewige" zu denken –, er hat also keine Illusionen. Aber sein „Glück" bezieht er daraus, dass er den „Kampf gegen den Gipfel" besteht; er müsste also immer wieder darauf hoffen, dass er den Kampf gegen den Gipfel immer wieder besteht. Damit wird aber auch für ihn das Tun auf diesem Weg, das Erlebnis der eigenen Kraft auf diesem Weg, der kein Ziel hat, wesentlich. Auch bei Camus kommt Sisyphos nicht ohne Hoffnung aus: Er hofft aber auf die eigene Kraft – nicht auf etwas letztlich Tragendes, das ihn, den wollenden Menschen, übersteigen könnte.

Wir werden nie wissen, ob Sisyphos ein Mensch mit Hoffnung oder ohne Hoffnung war. Der Mythos muss heute mit unseren existentiellen Überlegungen angereichert werden. Dennoch meine ich, dass Sisyphos nicht einfach als Mensch gesehen werden kann, der ganz ohne Hoffnung die ewige Wiederholung erträgt; mir scheint das eine Größenidee zu sein, die Menschen überfordert. Sisyphos ist ein überforderter Held.

Ich könnte mir vorstellen, dass Sisyphos zwar weiß, dass die Götter ihm gesagt haben, er werde das Ziel nie erreichen, dass er aber insgeheim immer hofft, es eben doch zu erreichen, herausgefordert, gefordert durch diese Aussage, so wie uns eine klare Absage an unsere Fähigkeiten manchmal auch stimulieren kann, gerade jetzt, zum Trotz, etwas zu erreichen: eine heroische Hoffnung gegen den Augenschein. Trotz ist ja eine sehr wichtige Kraft für den Menschen. Sehr oft entwickeln wir uns aus Trotz gegen eine Voraussage, die uns wenig geschmeichelt hat. Im Trotz erfahren wir sehr oft unsere ganzen Möglichkeiten, stehen wir endlich zu uns. Sisyphos ist ein trotziger Held. Auch so besehen, ist es eine Auseinandersetzung mit dem Schicksal, mit den Göttern, die Sisyphos antreibt, aber eine Auseinandersetzung, die viel offener ist als die von Camus postulierte: Er verachtet nicht die Götter, er misst sich nur mit ihnen.

Sein Durchhaltewillen, seine Würde muss sich daran erweisen, dass er immer wieder mit der Enttäuschung umgehen muss.

Das Thema wäre also nicht der Mensch, der in der Hoffnungslosigkeit weiterlebt, absolute Endlichkeit akzeptiert und so viel an Leben gestaltet, wie es ihm möglich ist, also letztlich auch den Tod verachtet, sondern das Thema wäre nun der Mensch, der hofft, der sich anstrengt und dann immer wieder enttäuscht wird, der trotz dieser wiederkehrenden Enttäuschungen jedoch nicht flieht, sondern immer wieder ansetzt, also letztlich immer auch dem Tod ein Stück Leben abgewinnt.

In der Enttäuschung nämlich müssen wir Abschied nehmen von einer Vorstellung, die wir gehabt haben; wir haben etwas erwartet, das nicht eingetroffen ist. Wir haben nicht auf etwas gehofft, sondern etwas erwartet. Die Erwartung ist viel enger als die Hoffnung, viel zentrierter auf ein Ereignis, auf das hin wir uns verstehen. Tritt dann das Erwartete nicht ein, verlieren wir unser aktuelles Zentrum. Das Gefühl, das diesen Verlust begleitet, nennen wir Enttäuschung. Die Enttäuschung erst macht uns oft deutlich, was wir eigentlich erwartet haben und dass diese Erwartung eben doch nicht erfüllt wurde, vielleicht nicht erfüllt werden kann. Dann stellt sich die wichtige Frage, wie wir mit der Enttäuschung umgehen können.

Sisyphos ist ein Modell für einen Menschen, der trotz der Enttäuschung sich wieder einsetzt, den Stein wieder stemmt, den Verlust ungeschehen machen will und neu ansetzt. Ein sehr kränkbarer Mensch würde in der Situation von Sisyphos auf dem Berg oben stehen bleiben und jammern, auch wenn man ihm vorher schon vorausgesagt hätte, dass er enttäuscht sein wird.

Es wäre schwer für ihn, diesen Neuanfang zu wagen, er könnte ja doch wieder enttäuscht werden. Sisyphos aber kann die Enttäuschung und die damit verbundene Kränkung trotzig verarbeiten, er lässt sich durch die Enttäuschung nicht daran hindern, Leben zu bewältigen; insofern ringt er dem Tod ein Stück Leben ab. Aber Sisyphos ist nicht nur ein wenig kränkbarer Held, er ist auch ein sehr kräftiger Held, ein Held mit sehr viel Energie.

Der Mythos spricht nicht von seiner Enttäuschung, nichts hören wir darüber, wie er den Weg in die Felder hinunter unter die Füße nimmt – was uns einen Hinweis darauf geben könnte, wie er Enttäuschung erlebt und verarbeitet. Der Mythos sagt nur, dass er von Neuem beginnt; er macht auch uns Mut zum Neuansatz, auch dann, wenn immer wieder dieselbe Last gehoben werden muss, sofern wir uns mit ihm identifizieren wollen.

Betrachten wir diesen Mythos also nicht unter dem Aspekt von Hoffnung und Hoffnungslosigkeit, sondern unter dem Aspekt von Erwartung und damit verbundener Enttäuschung, dann wird die Heldentat des Sisyphos nicht geschmälert, aber er ist dann kein absurder Held mehr. Immer wieder das Leben wagen, auch wenn man weiß, dass letztlich immer eine Enttäuschung möglich ist, heißt zu akzeptieren, in einem größeren Rahmen gesehen, dass man immer Abschied nehmen muss von Vorstellungen, Erwartungen, ohne doch aufzugeben. Wir wissen wohl alle, wie viel Kraft das kostet, wie viel Mut auch.

Die immer sich gleichenden Enttäuschungen und die neue Hoffnung

Denken wir in diesem Zusammenhang etwa an Beziehungen; da haben wir ja besonders viele Erwartungen, und da werden auch besonders viele Erwartungen enttäuscht. Dann dennoch nicht einfach enttäuscht sitzen zu bleiben, nicht in der Position eines Opfers zu verharren, sondern sich wieder auf die Beziehung einzulassen, mit der Gewissheit, dass irgendeine Enttäuschung, vermutlich sogar dieselbe, wieder erfolgen wird: das bedeutete, Sisyphos konstruktiv zu realisieren.

Besonders eindringlich schildert es Ingeborg Bachmann in ihrer Erzählung „Undine geht". Undine rechnet ab mit den Männern. In ihrer Abrechnung fällt auf, wie alle Männer für sie den gleichen Namen tragen, gleiche Wünsche haben, dass mit jedem Mann alles immer wieder von vorn anfängt:

„Ihr Menschen! Ihr Ungeheuer!
Ihr Ungeheuer mit Namen Hans! Mit diesem Namen, den ich nie vergessen kann.
Immer wenn ich durch die Lichtung kam und die Zweige sich öffneten, wenn die Ruten mir das Wasser von den Armen schlugen, die Blätter mir die Tropfen von den Haaren leckten, traf ich auf einen, der Hans hieß.
Ja, diese Logik habe ich gelernt, dass einer Hans heißen muss, dass ihr alle so heißt, einer wie der andere, aber doch nur einer. Immer einer nur ist es, der diesen Namen trägt, den ich nicht vergessen kann, und wenn ich euch auch alle vergesse, ganz und gar vergesse, wie ich euch ganz geliebt habe. Und

wenn eure Küsse und euer Samen von den vielen großen Wassern – Regen, Flüssen, Meeren – längst abgewaschen und fortgeschwemmt sind, dann ist doch der Name noch da, der sich fortpflanzt unter Wasser, weil ich nicht aufhören kann, ihn zu rufen, Hans, Hans …"[13]

„Nirgendwo sein, nirgendwo bleiben. Tauchen, ruhen, sich ohne Aufwand von Kraft bewegen – und eines Tages sich besinnen, wieder auftauchen, durch eine Lichtung gehen, ihn sehen und ‚Hans' sagen. Mit dem Anfang beginnen.

‚Guten Abend.'

‚Guten Abend.'

‚Wie weit ist es zu dir?'

‚Weit ist es, weit.'

‚Und weit ist es zu mir.'

Einen Fehler immer wiederholen, den einen machen, mit dem man ausgezeichnet ist."[14]

In den Beziehungen macht man den gleichen Fehler immer wieder, den, „mit dem man ausgezeichnet ist". Dieser wunderschöne Ausdruck weist darauf hin, dass uns diese Fehler zeichnen, aber eben auch auszeichnen; sie sind unsere Merkmale, die uns also eine ganz besondere Bedeutung geben.

Und selbstverständlich verfällt auch Undine wieder in den Fehler, der sie auszeichnet. Nachdem sie abgerechnet hat mit den Ungeheuern, sagt sie:

„Aber so kann ich nicht gehen. Drum lasst mich euch noch einmal Gutes nachsagen, damit nicht so geschieden wird. Damit nichts geschieden wird."[15]

Hier wird aber auch das Problematische an diesem Verhalten sichtbar: Es kann auch Situationen geben, in denen jemand geradezu in einen Wiederholungszwang verfällt, immer wieder, mit großer Energie dasselbe zu erreichen versucht, etwa von seinem Partner, nicht ablassen kann, wirklich denselben Stein, mit derselben Kraft, mit derselben Strategie stemmt.

Ein Beispiel
Unsinnige Erwartung
Ein Mann hatte eine sehr schwer depressive Frau geheiratet. Er machte es sich zur Lebensaufgabe, ihre Depression aufzuhellen, gleichzeitig konnte er eigene depressive Anteile an sie delegieren und sie auch an ihr bekämpfen. Er verwöhnte sie, tat alles für sie, massierte sie, inspirierte sie. Er quälte sich manchmal sehr, weil seine eigenen Bedürfnisse überhaupt nicht mehr berücksichtigt wurden. Und immer wieder einmal sagte ihm seine Frau, sie könne einfach nicht mehr. Er war dann jeweils sehr enttäuscht, ließ sich aber nichts anmerken und gestaltete neue Programme, quälte sich noch mehr, dachte, es müsse ihm gelingen, und es gelang ihm natürlich nicht. Sie hatte bei ihm ja auch keine Möglichkeit, sich zu erproben und zu kräftigen, um selbst in die Lage zu kommen, ihren eigenen Stein zu stemmen. Eine schwere körperliche Krankheit zwang ihn aufzugeben. Er war unendlich enttäuscht von sich. Seine Krankheit veränderte aber die Beziehung zwischen den beiden, seine Frau suchte professionelle Hilfe, er anschließend auch, und beide konnten ihre Beziehung wesentlich befriedigender gestalten. Die Sorge des

Mannes war, dass er nicht bewusst von seinem Beziehungsverhalten ablassen konnte, sondern dass ihn das Schicksal dazu gezwungen hatte.

Ich habe dieses Beispiel hier angefügt, weil das Verhalten von Sisyphos wirklich nicht eines ist, das jederzeit angebracht und richtig wäre; es muss in der richtigen Lebenssituation angewendet werden. Mut zum Neuanfang, was auch ein Mut zum Ertragen von Verlust ist, kann auch einfach ein Wiederholungszwang sein, ein blindes Durchsetzenwollen des eigenen Willens, Ausdruck dafür, dass man nicht aufgeben kann, nicht aufgeben will.

Der Stein als Symbol

Der Stein gilt in der Symbolik aber nicht nur als etwas, das uns Widerstand leistet, als Widerständiges, nicht nur als Last, nicht nur als abweisend. Das Feste und fast Unveränderliche an ihm ließ ihn zum Symbol der Festigkeit, der Unveränderlichkeit werden, damit aber auch zum Symbol der Verlässlichkeit, zu der auch die ganze „Widerständigkeit" gehört. Nur was einem Widerstand bieten kann, ist auch so fest, dass man sich notfalls darauf verlassen kann.

In das Umfeld von Festigkeit, Unveränderlichkeit und Verlässlichkeit gehört denn auch dieser Mythos.

Mit ihrer Unzerstörbarkeit, Festigkeit und Verlässlichkeit sind Steine aber auch Symbol für Götter und für konzentrierte göttliche Kraft. Besonders die Meteorite, die Steine, die „vom Himmel fallen", aus dem Weltall kommen, wurden schon immer als Ausdruck der Nähe des Himmlischen zum Irdischen gesehen und auch mit Fruchtbarkeit in Verbindung gebracht. Ein unbehauener Stein galt übrigens in der griechischen Antike, bevor die Götter in Menschengestalt dargestellt wurden, als Symbol des Hermes oder des Apollo.[16]

Zunächst aber scheint es, als würde unser Mythos nur die Widerständigkeit, Sperrigkeit, die Last dieses Steins, die dem Menschen die größte Anstrengung abverlangt, wenn er ihn bewegen will, aufnehmen. Dennoch meine ich, dass wir die weiterführende Symbolik, die den Stein auch als Symbol eines Gottes sieht, nicht aus den Augen verlieren sollten. Nicht nur die Belastung und Anstrengung wären dann zu bedenken, diese Anstrengung hätte dann den Sinn, den Gott, der einem aufgegeben ist, zu tragen, die je besondere Lebensaufgabe zu übernehmen, die in jedem Gott verkörpert ist.

Wäre dies Hermes, dann ginge es wohl um das Thema des Schöpferischen und der Wandlung, ist Hermes doch ein Gott, der Tore und Türen hütet, Wanderer und Grenzgänger beschützt, aber auch den Weg in die Unterwelt weist. Er ist mit Erfindungsgabe und Schelmenwitz ausgestattet, also auch in dem Sinn ein Gott, der für Übergänge, Verwandlung, Wandlung sorgt – auf den ersten Blick ein großer Gegensatz zu Sisyphos, ein Gott, der für Veränderung sorgt. Hermes wird uns noch beschäftigen.

Würde es sich um Apollo handeln, gäbe es mehrere Möglichkeiten der Deutung. Apollo hat seine Bedeutung oft gewandelt. Ursprünglich auch er ein Torwächter, wurde er immer mehr zu einem Heil- und Sühnegott, später übernahm sein Sohn Asklepius das Heilen. Eng mit dem Heilen verbunden war seine Fähigkeit der Weissagung; durch den Mund der von ihm inspirierten Seherin sprach er zu den Menschen. Seit dem 6. Jahrhundert vor Christus wird er auch als Helios (Sonne) verehrt. Er ist aber nicht nur Lichtgott, sondern auch ein Gott, der die Ordnung *garantiert*, und ein Gott für das rechte Maß.[17]

Das Thema des Heilens und Sühnens könnte also auch ein Thema sein, mit dem sich Sisyphos belasten muss, und im Zusammenhang damit auch das Thema der Weissagung, das Thema des rechten Maßes oder aber auch das der immer wieder aufgehenden Sonne.

Der Mythos von Sisyphos ist nicht in der frühen Antike entstanden. Die Amplifikation der Erweiterung, die ich hier anführte, ist also nur dann zulässig, wenn akzeptiert wird, dass unter Umständen frühere Ausdrucksformen in spätere Mythen übernommen werden. Im Wesentlichen geht es mir darum, hervorzuheben, dass ein Mensch nicht einfach eine Last trägt, sondern dass diese Last auch eine Aufgabe ist, die in griechischer Zeit mit dem Tragen eines Gottes in Verbindung gebracht wird, also eine Anstrengung, die letztlich etwas Göttlichem in ihm zum Durchbruch verhilft.

Was trotz dieser Amplifikation bleibt, ist, dass Sisyphos in den Augen seiner Chronisten keinen Erfolg hat, dass er sich müht und müht – ohne Ende und ohne Befreiung. Es sei denn, der „Erfolg" liege gerade und nur in diesem unablässigen Bemühen.

Nur, ganz so sinnlos scheint die Sache nicht mehr zu sein: Sisyphos tut das Menschenmögliche im Zusammenhang mit seiner ihm gestellten Lebensaufgabe, mehr kann er nicht tun; bewältigen kann er sie im wahrsten Sinne des Wortes nicht, er kann nur dranbleiben. Aber jetzt ist es natürlich ein anderes Dranbleiben, jetzt ist mit diesem Dranbleiben Hoffnung verbunden, Hoffnung auf Sinn. Nicht nur einfach eine Last trägt er, sondern eine Aufgabe, die ihn in Zusammenhang mit dem Göttlichen bringt. Der Sinn liegt aber auch bei dieser Deutung nicht darin, dass die Aufgabe vollendet wird, sondern in dem Weg, der mit diesem

„Stein" immer wieder zurückgelegt wird, mit den Erfahrungen, die auf dem Wege gemacht werden. Bei Sisyphos sind es Erfahrungen der Stärke, der Kraft.

Interpretationsformen, die den Stein als Last oder als das dem Menschen Aufgegebene sehen, sind möglich – und andere auch noch. Hier spitzt sich für mich die Interpretation auf die Frage zu: Wollen wir, wenn wir diesen Fels, dieses Stemmen des Steines als allgemein-menschliche Situation ansehen, diesen Stein einfach als unbewegte Last verstehen, die nur belastet, nur stört, die völlig sinnlos unsere ganze Kraft herausfordert, oder wollen wir in den Steinen, die wir anstemmen, Lebensaufgaben sehen, unangenehme manchmal, den Sinn sehen, der darin steckt, vielleicht manchmal sogar einen Sinn darin erfinden?

Die beiden Deutungsmöglichkeiten können miteinander verbunden werden: In den größten Problemen, die wir haben, steckt auch unser größtes Entwicklungspotential. Unsere Probleme fordern uns ständig heraus, und damit fordern sie unsere Entwicklung heraus.

Nun scheint es mir, müssen wir einen Aspekt beachten, der immer wieder bei der Auseinandersetzung mit diesem Mythos gestreift wurde: Es kommt nicht so sehr darauf an, dass wir das Ziel erreichen, sondern dass wir auf dem Weg sind. Selbstverständlich aber führt der Weg zu einem angestrebten Ziel. Nicht das Erreichen des Ziels ist wichtig, sondern der Einsatz auf dem Weg und der Mut, immer wieder auch von vorn beginnen zu können.

Die Vorbedingung für die Strafe

Der erste Teil des Mythos von Sisyphos

Nachdem wir uns so lange mit der Strafe des Sisyphos beschäftigt haben, weil diese Strafe uns so viel gegenwärtiger ist als die kaum bekannte Vorgeschichte, stellt sich nun doch die Frage, warum denn Sisyphos eigentlich bestraft worden ist. Diese Vorgeschichte wird einige der bisherigen Deutungszüge erhellen.

Roscher schreibt, dass Sisyphos übersetzt einfach „der Schlaue" heißt.[18] Sisyphos galt denn auch als einer der schlauesten, verschlagensten Menschen, der nach der Ilias (6,152) in Korinth im Winkel des rossenährenden Argos lebte.

Was er alles getan haben soll, erscheint äußerst verwirrend, ich füge hier den Text aus dem „Lexikon der antiken Mythen und Gestalten" an.

„Sisyphos, Sohn des Aiolos und der Enarete. Er gründete die Stadt Korinth, die er anfangs Ephyra nannte. Seine Schlauheit und Geschicklichkeit waren sprichwörtlich; aus diesem Grunde brachte man ihn manchmal (unbekümmert um die Sagen-Chronologie) mit dem Meisterdieb Autolykos in Verbindung. Spätere Geschichtsschreiber behaupteten, Autolykos habe ihm seine Herde gestohlen, doch habe er sie zurückgewonnen. Er hatte zuvor Kerben in die Hufe geritzt und konnte so den leugnenden Autolykos widerlegen. Dann rächte er sich an dem Dieb, indem er seine Tochter Antikleia verführte – so ging gelegentlich das Gerücht, dass er und nicht ihr Gatte Laërtes der Vater des Odysseus war, den sie später gebar.

Als Sisyphos Ephyra gründete, stiftete er zu Ehren des Melikertes, dessen Leiche er dort vorgefunden und begraben hatte, die Isthmischen Spiele, auch befestigte er die angrenzende Anhöhe des Akrokorinth zu einer Zitadelle und einem Wachtturm. Eines Tages erblickte er zufällig Zeus, wie er gerade die Flußnymphe Aigina entführte, die Tochter des Flußgottes Asopos und der Metope; Zeus trug sie zur Insel Oinone, wo er sie entehrte. Asopos nahm die Verfolgung auf und bat Sisyphos um Auskunft; der versprach, zu sagen, was er wußte, wenn er dafür auf dem Akrokorinth eine Frischwasserquelle bekäme, die Asopos auch sogleich hervorbrachte (die Quelle Pirene). Zeus war zornig über Sisyphos' Enthüllung und wollte ihn strafen; er schickte Thanatos (Tod) aus, um ihn ins Haus des Hades zu bringen. Sisyphos, der Schlaue, überlistete Thanatos auf irgendeine Weise, band ihn und warf ihn in ein Verlies, worauf die Sterblichen nicht mehr starben. Die Götter, von dieser unnatürlichen Erscheinung verunsichert, sandten Ares zur Befreiung des Thanatos aus, und er suchte nun ein zweites Mal Sisyphos auf. Für diesen Fall hatte Sisyphos seiner Gemahlin, der Pleiade Merope, genaue Anweisungen erteilt: sie ließ seinen Körper unbeerdigt liegen und brachte dem Toten auch keine der üblichen Opfer dar. Damit überlistete Sisyphos Hades: denn der Gott war über Meropes Nachlässigkeit so erzürnt, dass er oder seine Gemahlin Persephone Sisyphos in die Oberwelt zurückkehren ließen, um Merope zu strafen und zur Beisetzung der Leiche zu veranlassen. Nach Korinth zurückgekehrt, tat jedoch Sisyphos nichts dergleichen, sondern erfreute sich seines Lebens und wurde sehr alt, die Götter der Unterwelt verlachend. Wohl wegen dieser Gottlosigkeit, wie auch wegen des Verrates gegen Zeus, wurde – so nahm man an – sein Schatten nach seinem Tod im Tartaros gepeinigt: er musste unablässig einen großen Stein einen Hügel hinaufrollen: wenn er ihn fast bis zur Spitze gebracht hatte, rollte er immer wieder hinunter.

Nach langer Herrschaft wurde Sisyphos auf dem Isthmos [Isthmos heißt die Landenge von Korinth; V. K.] beigesetzt. Er hinterließ vier Söhne: Glaukos (Vater des Bellerophon), Ornytion (Vater von Phokos 2), Thersandros und Almos."[19]

Diese hier angeführten Taten des Sisyphos werden in allen einschlägigen Lexika erwähnt, zum Teil verschieden bewertet. Im Zentrum steht dabei die Überlistung des Todes.

Betrachtet man alle seine Taten, dann lässt man sich davon überzeugen, dass Sisyphos in der Tat ein außerordentlich listiger, geschickter, kluger, aber auch mutiger Mann gewesen sein muss. Er kämpfte mit den Göttern, sie hatten mit ihm zu rechnen – und so besehen kann man die Strafe in der Unterwelt so auffassen, dass sie doch die Stärkeren sind. Also ein einfacher Machtkampf zwischen Mensch und Göttern? Symbol dafür, wie der Mensch in der Auseinandersetzung mit den Göttern sein Leben reich gestaltet – und letztlich dafür bestraft wird?

Oder versuchen etwa die Mythographen eine Strafe und ihre Begründung zu konstruieren, aus der Sorge heraus, dass Menschen in der Nachfolge des Sisyphos zu überheblich werden, zu sehr die Götter in Frage stellen könnten und damit selber zum Gott werden würden, was nicht dem Maß des Menschen entspricht?

So wäre auch zu erklären, dass Sisyphos Listen und Missetaten in bunter Folge noch und noch zugeschrieben wurden. An ihm soll offenbar ein Exempel statuiert, die Frage nach dem rechten Maß allen Menschen exemplarisch vor Augen geführt werden.

Sisyphos – der Schlaue und Trickreiche

Sisyphos ist natürlich auch ein Meisterdieb, wenn es ihm gelingt, dem Meisterdieb, der seine Kenntnisse direkt Hermes verdankt, wiederum das Diebesgut abzunehmen, ihn des Diebstahls zu überführen. Er ist also letztlich noch listiger als der Meisterdieb, Autolykos. Hermes hatte Autolykos die Gabe verliehen, aus gehörnten Rindern, die er stahl, ungehörnte zu machen, aus schwarzen weiße und umgekehrt.[20] Hermes ist also im Spiel, er erklärt das Wesen des Sisyphos. Deshalb wenden wir uns zunächst ihm zu.

Dem Hermes waren die Steinhaufen heilig, auch Grabmäler; aus ihnen wurden später die Hermen, die Steinpfeiler, die die griechischen Häuser schützten und die auch als Sitz des Gottes betrachtet wurden. Hermes war ein Gott, der ständig unterwegs war, er war nicht nur Gott der Reisenden und Wanderer, er verband als Götterbote auch den Himmel mit der Erde und als Totengeleiter die Erde mit der Unterwelt. Schlauheit ist ein wesentlicher Aspekt seines Charakters. Auch er wird als Meisterdieb bezeichnet, weil er – kaum geboren – seinem Bruder Apollo schon die Rinderherde stahl. Glückliche Funde und das An-sich-Nehmen dieser Funde gehören in den Zustandsbereich des Hermes, deshalb ist er dann natürlich auch ein Gott, der viele Erfindungen macht, und der Gott für die, die Erfindungen machen. Natürlich ist er auch zuständig für das

Finden auf geistigem Gebiet, für Auslegen und Erklären (die Hermeneutik). Er soll unter anderem auch das Würfelspiel und die Kunst der Weissagung aus dem Würfelspiel erfunden haben.[21] So ist er Schutzpatron der Erfinder, der Intellektuellen, der Redner, der Diebe und der Kaufleute. Er ist aber auch der, der den Menschen Träume schickt, und wohl auch der, der zum Träumen anregt.

Hermes ist eines der „göttlichen Kinder" der Mythologie, Ausdruck für den immer wieder möglichen Neubeginn allen Lebens, für eine unbezähmbare Lebenskraft. In ihm sind zudem Züge einer Fruchtbarkeitsgottheit erhalten: Die Steine auf den Feldern könnten Ausdruck eines vorgriechischen Fruchtbarkeitskultes sein, der ihn in enge Beziehung zur Großen Mutter bringt. Er ist sowohl auf der realen Welt als auch im Himmel und in der Unterwelt zu Hause: ein Gott, der Verbindungen schafft, Übergänge bewerkstelligt und dadurch schöpferische Veränderung verspricht. Er ist ein ewig schweifender Gott, immer in Bewegung. Er ist und bleibt ein junger Gott, er wird niemals alt, da er ja immer in Bewegung ist; er bleibt mit der Emotion der Hoffnung verbunden, mit der Gewissheit, dass alles irgendwie eine Lösung findet; er ist ein Gott des Augenblicks und der Verbindungen, die Folgen seiner Taten scheinen ihn nicht zu kümmern.

Er ist auch ein Meisterdieb, und deshalb kann er auch anderen zeigen, wie sie Meisterdiebe werden können. Plato schreibt im Phaidros, dass jeder Mensch zum Zuge eines Gottes gehört und diesen nachahmend lebt und ihn so ehrt.[22]

So besehen, ist Sisyphos ohne Zweifel einer, der „im Zuge" des Hermes lebt, der ein Leben führt, das sehr deutlich von den Fähigkeiten und Eigenheiten dieses Gottes geprägt ist. Uns ist diese griechische Denkweise natürlich schon längst abhandengekommen: Wir haben bessere oder schlechtere Charaktereigenschaften, und wenn jemand eine deutlich auffällige Prägung zeigt, sind wir schnell dabei, diese als nicht normal, wenn nicht gar als krankhaft zu bezeichnen. Wir könnten vielleicht besser mit unseren uns auszeichnenden Eigenheiten umgehen, wenn wir sie auch als Wirkung eines Gottes in unserem Leben oder als Ausdruck einer für den Menschen absoluten Lebensnotwendigkeit sehen könnten.

Betrachten wir nun die Ausprägungen dieses von Hermes Bestimmten in Sisyphos:

Der Meisterdieb

Den Meisterdieb kennen wir aus Märchen, er ist eine Gestalt, die offenbar schon immer die Menschen beschäftigt hat. Diese Märchen beginnen jeweils damit, dass Eltern einen Sohn haben, der lieber dumme Streiche verübt als arbeitet. Er wird verjagt oder verschwindet von selbst. Nach Jahren kommt er als vornehmer Herr zurück, hat also sein Glück gemacht und gibt sich zu erkennen. Er geht dann jeweils auch zum König oder zu einem Grafen – seinem Taufpaten – und stiehlt auf dessen Geheiß etwa des Grafen bestes Pferd, indem er als Frau verkleidet die Knechte betrunken macht. Dann stiehlt er – wiederum auf Aufforderung des Grafen hin – das Betttuch und den Trauring der Gräfin, indem er zuerst einen Toten vom Galgen abschneidet, dann eine Leiter ans Schlafgemach des Grafen anlegt. Der passt natürlich auf. Der Meisterdieb schiebt den Toten die Leiter hinauf, der Graf erschießt den schon Verstorbenen. Der wird dann vom Grafen eilends beerdigt, der Meisterdieb indessen bittet die Gräfin – in der Rolle des Grafen – um Trauring und Betttuch als Gaben ins Grab für den Patensohn. Als nächsten Beweis seiner Kunst soll er den Pfarrer und Küster der Nachbargemeinde ohne Gewalt ins Hühnerhaus des Grafen einsperren. Der Meisterdieb sucht den ganzen Tag Krebse. Dann steckt er den Krebsen brennende Lichtlein zwischen die Scheren und lässt sie nachts auf dem Friedhof laufen; zur gleichen Zeit predigt er, dass die Zeit erfüllt sei, die Leute sollten nur auf dem Gottesacker nachsehen. Wer ins Himmelreich kommen wolle, solle schnell in seinen Sack kriechen, es hätte nicht viel Platz drin. Der Pfarrer und der Küster sind dann natürlich die ersten, die in den Sack drängeln.

Der Graf gibt ihm Geld und bittet ihn, in ein anderes Land zu gehen, er sei ihm zu gefährlich.[23]

Dieser Märchentypus ist mit kleineren Abweichungen sehr weit verbreitet. Gelingt es, dieses Märchen ohne moralische Brille zu sehen, so wird deutlich, dass es dem Meisterdieb nicht in erster Linie darum geht, sich zu bereichern, sondern um den Spaß an der Herausforderung, dass einer den andern überlistet; und der Listigste ist dann auch der, der gewonnen hat. Diese Meisterdiebe sind außerordentlich phantasievolle Märchenhelden, sie haben einerseits wirklich schöpferische Einfälle und beherrschen andererseits die Kunst der List perfekt: Sie können sich in andere Menschen einfühlen und voraussagen, was diese tun werden. Es geht um einen Wettstreit, um ein Rivalisieren mit schöpferischen Einfällen. Dass diese Meisterdiebe dabei auch reich werden, ist ein glücklicher Zufall. Dennoch haben sie alle keine Bleibe, so wie Hermes, dem sie ja in irgendeiner Art nachschlagen; sie werden immer wieder weitergeschickt, erfahren dabei natürlich auch sehr viel.

Sisyphos erweist sich nun dadurch, dass er Autolykos, den Meisterdieb, des Diebstahls überführt, nicht nur als dem Meisterdieb überlegen, er lässt zudem den Meisterdieb auch noch mit Zeugen streiten und verführt derweil die Tochter des Autolykos.[24] Dieser Verführung soll Odysseus entstammen, dessen Irrfahrten schon als schicksalhaft verstanden werden können. Wer bei dieser Verführung letztlich wen verführte, bleibt unklar.

Sisyphos wäre also ein Modell für einen Menschen, der schöpferische Einfälle hat und andere Menschen übervorteilt. Auch ginge es ihm um die schnelle schöpferische Tat, die eine Veränderung bewirkt, und weniger um die Folgen. Er wurde allerdings zu dieser List herausgefordert: Er erträgt es nicht, dass seine Herden von Autolykos gestohlen werden – er setzt sich mit allen Kräften erfolgreich für das ein, was ihm gehört.

Die erhandelte Quelle

Sisyphos sieht, wie Zeus die Tochter des Flussgottes entführt. Aesopos sucht sie, und Sisyphos ist bereit, ihm die Auskunft zu geben gegen eine Quelle auf dem bisher wasserlosen Hügel bei Korinth, dem Akrokorinth. Er erhält diese Quelle, die auch andere Ursprungsgeschichten kennt. Hier erweist er sich sehr geschickt im Handeln: eine Auskunft gegen Wasser. Eine Quelle auf dem wasserlosen Akrokorinth muss eine sehr große Bedeutung gehabt haben: Wasser bedeutet Leben und Fruchtbarkeit, nicht nur für Sisyphos, sondern für die ganze Stadt. Er nutzt die Notlage eines Gottes aus, um zu etwas zu kommen, das ihm und den Mitmenschen ein Mehr an Leben gibt, symbolisch gesehen auch eine größere Lebendigkeit. Aber er war halt im richtigen Augenblick zur Stelle, war aufmerksam.

Sieht man diese Geschichte symbolisch, dann ist er bereit, den Olympier Zeus an den Flussgott, den Gott des Wassers, des ewigen Fließens, zu verraten, sich also dessen Gunst zu erhalten. Diese Gunst wird sichtbar in der Quelle, die aus dem Boden quillt und die für den überquellenden Reichtum der Mutter Erde, Symbol für Fruchtbarkeit, für ein Lebensgefühl des Überquellens, des Reichtums, steht. Zeus aber macht er sich dadurch zum Feind.

Sisyphos kümmert sich wenig um das Missfallen von Zeus, der als höchster Gott doch auch der ist, der Herr über Götter und Menschen ist, Gehorsam verlangt und Widerstand bricht. Er legt sich mit Zeus an, und sei es nur dadurch, dass er sich eben nicht um dessen Forderungen kümmert, sondern darum, was ihm und auch der ganzen Stadt, die er gegründet hat, von Nutzen und wohl auch äußerst angenehm ist. Es geht ihm nicht um Gehorsam, sondern um Lebendigkeit. Er will nicht im Gefolge des Zeus sein, sondern hier im Gefolge des Flussgottes, eines Gottes, der geradezu die ewige Wandlung und das ewige Fließen, damit aber die ständige Veränderung personifiziert.

Sisyphos wäre, sehen wir ihn als ein Modell für einen Menschen, vom ewigen Wechsel angezogen, wie er im fließenden Wasser so besonders deutlich dargestellt ist. Er ist von der schöpferischen Veränderung gepackt. Wenn Sisyphos ein Vertreter eines schöpferischen Menschen ist, dann ist in diesem Bild auch der Grundkonflikt jedes schöpferischen Menschen ausgedrückt: Er kann nicht schöpferisch sein und gleichzeitig die alte Ordnung voll respektieren, alles Schöpferische steht auch gegen eine alte Ordnung, setzt sich mit ihr auseinander. Kein Wunder, dass Zeus sich herausgefordert fühlt. Die drakonische Strafe zeigt, wie bedroht er sich von Sisyphos fühlt, gleich sterben soll er.

Der überlistete Tod

Auch das Motiv des überlisteten Todes kennen wir aus Märchen, in einigen Varianten wird der Tod dabei durch den Teufel ersetzt. Als Beispiel möchte ich hier zwei Märchentypen anfügen. Für den einen Typus kann stellvertretend das französische Märchen „Wie der Tod genarrt wurde" stehen.

Ein Heiliger gibt einer Frau für ihre Verdienste einen Wunsch frei. Sie äußert den Wunsch, auf ihrem Pflaumenbaum jeden festhalten zu können, der dort hinaufklettert, um Pflaumen zu holen. Der Heilige erfüllt diesen sonderbaren Wunsch. Zehn Jahre später kommt der Tod an ihrem Haus vorbei und will sie mitnehmen. Sie erklärt sich bereit, mitzugehen, verlangt aber, bevor sie mitgehe, noch Pflaumen essen zu dürfen. Der Tod klettert auf den Baum, um die Pflaumen für sie herunterzuholen. Und die Frau sagt: „Ich will, dass der Tod nicht ohne meine Erlaubnis vom Baum herunterkann." Der Tod ereifert sich, bittet, droht, schreit, er kann nicht mehr herunterkommen. Und niemand mehr auf Erden kann sterben. Alle Gebrechlichen, Verletzten, Kranken leiden furchtbar, denn sie können nicht sterben. Man kommt von überallher, um die Frau zu bitten, den Tod gehen zu lassen. Schließlich ist sie unter der Bedingung einverstanden, dass sie den Tod dreimal rufen müsse, bevor er sie holen komme.[25]

Dieser Märchentypus deckt sich am ehesten mit der Geschichte, wie sie von Sisyphos erzählt wird. Und wiederum ist es eine Geschichte, bei der die List eine sehr große Rolle spielt, die List und der Wunsch des Menschen, über den Tod zu dominieren, die Vergänglichkeit aufzuheben.

An diesem Märchenbeispiel wird auch deutlich, was geschieht, wenn der Tod gebannt ist. Nichts mehr kann sich verändern, nichts kann zu einem Abschluss gebracht werden, auch das bringt Leiden. Aber die geheime Freude besteht wohl darin, dass man den Tod, diesen „unzerstörbaren Zerstörer"[26], wenn auch nicht zerstören, so doch bannen kann: ein ungeheurer Triumph menschlicher Macht über die Gesetze des Lebens, über die Götter, um im Mythos zu bleiben. Verfügt die Frau im französischen Märchen dank eines Wunsches, den sie frei hat, für den sie auch etwas geleistet hat, über den Tod, dann Sisyphos mit seiner Klugheit, aber wohl auch mit seiner Körperkraft. Er setzt den Tod außer Gefecht; er nimmt die Strafe, die ihm Zeus zugedacht hat, nicht an, setzt damit aber auch das Prinzip des Vergehens, das andere Prinzip des Schöpferischen, das zu diesem unablösbar gehört, außer Kraft. Ares, der ungestüme Kämpfer unter den Göttern, der im Dienste der zerstörenden Veränderung steht, muss dem Tod zu Hilfe kommen.

Versuchen wir Sisyphos als Modell für einen Menschen zu sehen, dann ist es einer, der so sehr von seiner Kraft, seiner Intelligenz, seinen Fähigkeiten zum Schöpferischen überzeugt ist, dass er meint, unsterblich zu sein. Tod, Veränderung, Loslassenmüssen, Rückschläge, das alles gibt es für ihn nicht. Das Prinzip „Tod", das sich darin zeigt, fesselt er, sperrt es weg in eine Rumpelkammer, als er davon bedroht ist. Damit aber setzt er sich Zeus gleich, macht sich den Göttern ebenbürtig, aber er setzt damit das Prinzip, das das Schöpferische erlaubt, außer Kraft. Ares, der Gott, der das Prinzip des Kampfes und der Aggression verkörpert, macht diese Überlistung wieder rückgängig. Die Götter sind Sisyphos doch überlegen.

Damit ist aber auch ausgedrückt, dass es die Wirksamkeit des Todes gibt, auch für Sisyphos, versteht man nun den Tod als Hinweis darauf, dass das Alter sich ankündigt, oder sieht man ihn als Aspekt des Zu-Ende-Gehens, als das andere Gesicht des Schöpferischen. Vergessen wir nicht, Sisyphos folgte Hermes, einem jugendlichen Gott, und folgt ihm noch immer. Er muss daher gegen den Tod kämpfen, aber er kann das Prinzip der Zerstörung nicht ganz leugnen. Und deshalb wohl will er den Tod auch noch ein zweites Mal überlisten. Das ermöglicht ihm dann, alt zu werden.

Der noch einmal überlistete Tod

Auch hier wiederum erweist sich Sisyphos als weitsichtig, als wissend um das, was geschehen wird, er weiß um die Reaktionen der Götter der Unterwelt. Er lässt seine Frau den Leichnam nicht bestatten und die Totenopfer nicht darbringen. Das empört die Götter sehr. Damit weist Sisyphos seine Frau an, die Götter der Unterwelt nicht zu akzeptieren, ihnen nichts zu opfern. Auch sie nimmt – auf Geheiß des Sisyphos – den Tod nicht zur Kenntnis, akzeptiert ihn nicht. Und die Götter der Unterwelt schicken Sisyphos zurück auf die Welt, um die Gebräuche zu reklamieren. Natürlich kommt er nicht mehr zurück – er wird sehr alt und verlacht die Götter. Zweimal hat er den Tod besiegt, sich schlauer erwiesen als die Götter. Dieses Verlachen der Götter weist darauf hin, dass das Sichmessen mit den Göttern, das Sich-ihnen-überlegen-Erweisen eine zentrale Bedeutung in diesem Mythos hat.

Diese List mit den verweigerten Opfergaben kann er allerdings nur dank der Hilfe seiner Frau anwenden.

Dies ist das einzige Mal, dass seine Frau erwähnt wird – sie spielt sonst keine Rolle. Die „Aufgabe", die Sisyphos hat und sich auch gibt, ist, sich mit den Göttern zu messen, vor allem mit dem Gott des Todes. Jetzt kann Sisyphos auf der Welt leben und wird alt, er kann über die Götter lachen, die sich nicht wieder einem Kampf stellen. An sich wäre es doch wohl ein Leichtes gewesen, diesen Sisyphos wieder zu holen. Oder waren die Götter schon so entnervt? Oder waren sie weise, indem sie darauf vertrauten, dass für einen Sterblichen eh einmal die Stunde des Todes schlägt, ihre Stunde?

Auch diese List des Sisyphos finden wir in einer vergleichbaren Weise in einem Märchen vor, im isländischen Märchen „Der Königssohn und der Tod":

Da versprach ein unbekannter Meister, einen Königssohn Weisheiten zu lehren, wie sie sonst kein Mensch lerne. Der Königssohn saß drei Jahre lang schweigend bei dem Weisen im Wald und lernte bei einem schweigenden Meister. Nach drei Jahren eröffnete ihm der Weise, er sei der Tod, und je nachdem, wo er beim Bett eines Kranken sitze, gehe die Krankheit kurz oder lang, werde der Kranke genesen oder sterben. Er gab ihm dann auch Hinweise auf Heilmittel. Der Königssohn wurde ein berühmter Arzt, wurde König, und als er hundert Jahre alt war, sah er eines Tages seinen alten Meister bei seinem Kopfe sitzen, ein Zeichen dafür, dass er sterben musste. Der König bat den Meister um eine Frist, bis er ein Vaterunser gebetet hätte. Er sprach aber nur die ersten vier Bitten und erklärte, das Gebet beende er dann, wenn er lebenssatt sei. Der überlistete Tod musste ihn verlassen. Nach weiteren hundert Jahren empfand der König das Leben als Last, da sprach er das Vaterunser zu Ende und starb.[27]

Beide Märchentypen, die ich anführte, haben mit der Überlistung des Todes zu tun und stehen in einem inneren Zusammenhang. Es geht darum, sich dem Tod als überlegen zu erweisen, was allerdings nur vorübergehend möglich ist; letztlich ist der Tod doch nicht aufzuhalten. Aber es geht darum, den Tod hinzuhalten, bis man wirklich lebenssatt ist.

Bei dem Märchen „Wie der Tod genarrt wurde" geht es vor allem um List, also um die Fähigkeit des Menschen zu wissen, wie man den Tod hinhalten kann, um die Fähigkeit, sich so viel wie möglich an Lebenszeit und damit natürlich auch an Lebensintensität zu ermöglichen. Das kann doppelt verstanden werden: einmal als die Entschlossenheit des Menschen, angesichts des unvermeidbaren Todes nicht zu früh schon in den Tod einzuwilligen, nicht zu früh schon aufzugeben, sondern das Leben so intensiv wie immer möglich zu leben. Man kann diesen Tod als das Sterben sehen, aber auch als Prinzip der Vergänglichkeit. In diesem Überlisten des Todes könnte also die Weigerung gesehen werden, Leben zu früh der Vergänglichkeit preiszugeben, zu früh aufzugeben, zu früh aufzuhören, den Stein zu stemmen, um in der Sprache des zweiten Teils des Mythos zu sprechen. Dann aber kann dieses Überlisten des Todes gerade auch bedeuten, dass man sich weigert, den Tod und damit die Vergänglichkeit und das immer wieder damit verbundene Loslassenmüssen und Neubeginnen zu akzeptieren, das Prinzip der Wiederholung.

In dem Märchen „Der Königssohn und der Tod"
wie auch in dem Grimm'schen Märchen vom Gevatter
Tod[28] ist der, der den Tod überlistet, Arzt und ist selbst
beim Tod, der sich als geheimnisvoller Weiser dargestellt hat, in die Lehre gegangen. Der Tod selbst lehrt
also, wie man mit ihm umgehen kann. In dem Märchen „Vom Königssohn und dem Tod" wurde auch
schon dargestellt, dass jede Krankheit auch als Anwe-
senheit des Todes aufgefasst werden kann, eine Anwe-
senheit, die keineswegs zum Tode führen muss. Der
Tod selbst scheint den Menschen in diesem Märchen
dazu aufzufordern, sich gegen ihn zu wehren – und
zeigt sogar die Mittel dazu auf.

In allen Märchen dieses Typus setzt der Tod aber
auch der Fähigkeit des Menschen, die Kranken zu heilen, eine klare Grenze. Diese doppelte Haltung dem
Leben gegenüber also: einerseits sich so viel an Leben zu
erhalten wie immer möglich, andererseits aber auch zu
akzeptieren, dass in gewissen Situationen gegen den
Tod und – übertragen – gegen das Loslassenmüssen
„kein Kraut gewachsen ist", ist in diesem Märchen ausgedrückt. Natürlich versuchen auch diese Ärzte jeweils,
den Tod zu überlisten. Im Märchen vom Gevatter Tod
geschieht das so, dass der Arzt schnell das Bett des
Kranken umdreht. Dafür stirbt er dann selbst. Auch
wenn diese Ärzte gerade durch die Gabe, die sie vom
Gevatter Tod bekommen haben, in deren Anwendung
maßlos geworden sind, sich selbst an die Stelle des
Herrn über Leben und Tod setzen, letztlich bestimmt
der Tod dann doch wieder das menschliche Maß, weist
den maßlosen Anspruch zurück. Der Tod scheint aber

auch selbst zur List herauszufordern – er akzeptiert es dann ja jeweils auch, wenn er überlistet ist. Gerade in diesem Überlisten des Todes wird der Tod sehr ernst genommen; er regt zur größten Anstrengung an, das Leben lebendig zu erhalten. Im Märchen kann der Tod aber immer nur für eine gewisse Zeit überlistet werden, und so geht es auch Sisyphos. Immerhin kann er bis ins hohe Alter leben, dann stirbt auch er.

Und noch einmal der Stein

Der Mythos sagt es uns ganz deutlich: Weil Sisyphos zweimal den Tod überlistet hat, muss sein Schatten den Stein in der Unterwelt wälzen, kann er nicht aufhören, diesen Stein zu wälzen, und muss ihn dennoch immer wieder loslassen. Dieses Lebensthema des Dranbleibenmüssens und doch immer wieder Loslassenmüssens, damit aber auch das Thema der ewigen Wiederholung, wiederholt sich hier, ewig, immer wieder von Neuem.

Sisyphos wollte den Tod überlisten, verhindern, dass etwas zu Ende geht, verhindern, dass er loslassen muss. Jetzt hier im Schattenbereich geht seine Qual nicht zu Ende, und er kann nicht loslassen, er kann das Stemmen des Steins nicht aufgeben und muss doch immer wieder loslassen. Sein zentrales Lebensthema wiederholt sich hier in der Welt der Schatten: das Thema, die Vergänglichkeit nicht akzeptieren zu wollen und sie doch akzeptieren zu müssen. Noch immer setzt er seinen Willen, nicht aufzugeben, gegen diese Vergänglichkeit ein. Noch immer lässt er nicht freiwillig los; er lässt erst los, wenn die Überschwere des Steins ihn überwältigt. Er kann nicht loslassen, und deshalb wird ihm immer wieder etwas genommen. Er bleibt in der Haltung, den Tod überlisten zu wollen. Was sich aber auf der Welt der Lebenden noch so spielerisch anließ, mit leichter Hand und ohne große Anstrengung gelang, ist jetzt zur äußersten Mühsal geworden.

Natürlich erinnert uns Sisyphos an die Situation, in der viele Ärzte sich befinden. In der Biologie und in der Medizin wird in hohem Maße geforscht und gefunden. Wir Sterblichen delegieren den Ärzten in einem großen Maße die Verpflichtung, gegen den Tod zu kämpfen. Nicht nur den „letzten Tod" sollen sie so lang wie möglich hinauszögern, sie sollen uns auch, wenn immer möglich, die ewige Jugend erhalten. Diese unsere an sie delegierten Wünsche, die zu erfüllen sie sich große Mühe geben, dürften manche von ihnen durchaus auch belasten. Und dennoch – auch wenn wir dank Anti-Aging einmal biologisch fast „jugendlich" sterben sollten, sterben weden wir in jedem Fall.

Schon bei dem Vergleich mit den Märchen, die ich zur Illustrierung des Mythos beigezogen habe, wurde deutlich, dass es letztlich um die Frage geht, wann es sinnvoll ist, dieses „Mehr an Leben" sich zu erhalten, nicht loszulassen, und wann der Tod akzeptiert werden muss, wann es an der Zeit ist, in einen Verlust, in einen Abschied einzuwilligen. Sisyphos hat nie eingewilligt, und es ist auch seine Strafe, dass er nie einwilligen kann. Bedenken wir seine Lebensgeschichte, soweit sie uns erzählt ist, müssen wir daraus schließen, dass wir es mit einem Menschen zu tun haben, der auf Gewinnen aus ist, nicht auf Verlieren, und der so klug und listenreich ist, dass er auch nicht viel verlieren muss. Anders aber als Hermes, von dem er so viele Züge hat, fehlt ihm die Qualität des Begleiters der Toten. Er bringt keine Toten in die Unterwelt, er fesselt und überlistet den Tod. Ein todesmutiger Kämpfer für ein Mehr an Leben, der nicht aufgibt, ein ungeheuer entschlossener

Held, aber auch ein Gefangener seiner Entschlüsse, nicht aufzugeben, immer gegen den Tod zu kämpfen.

Der Mythos gibt keine Antwort auf die Frage, wann es denn sinnvoll ist, dem Tod Leben abzulisten, es ihm listig zu entreißen und damit kostbar zu machen, wie lange es sinnvoll ist, gegen die Vergänglichkeit anzukämpfen, gegen die Resignation, und wann es andererseits sinnvoll ist, auch in einen Verlust einzuwilligen, aber er ist ein Beispiel, an dem exemplarisch gezeigt wird, was geschieht, wenn wir nicht in den Verlust einwilligen. So konsequent wie Sisyphos wird es uns allerdings nicht gelingen. Wenn wir nie in den Verlust einwilligen, dann müssen wir, wie Sisyphos, immer den Stein den Berg hinaufwälzen, und auch unser Stein bekommt dann eine Überschwere, rollt wieder ins Tal, entzieht sich unseren Bemühungen.

Ein Beispiel
Die Weigerung, in einen Verlust einzuwilligen
Ein Mann, 45 Jahre alt, mit vielen Möglichkeiten, begabt auch mit der Kraft, sehr viele dieser Möglichkeiten zu leben, beklagt sich darüber, dass er sich überlastet fühle, dass er das Gefühl habe, alle Kräfte einzusetzen und doch nichts Eigentliches, für ihn Gültiges schaffen zu können, nur Routinearbeit bewältige er. Er arbeite, es werde ihm alles zu viel, denn eigentlich habe er das Gefühl, zwar alle seine Kräfte einzusetzen, aber irgendwie nicht richtig. Er müsste wohl etwas opfern, aber er wolle nichts opfern, irgendwann müssten doch alle seine Lebensmöglichkeiten und Fähigkeiten zu einem Gan-

zen zusammenfließen, und das wäre dann der Höhepunkt seines Lebens.

Das ist ein recht alltägliches Beispiel, wie sich der Mythos von Sisyphos in unseren Alltag übersetzt erleben lässt. Dieser Mann hat – wohl vergleichbar dem Sisyphos in seinen besten Tagen – viele Lebensmöglichkeiten, die er gestaltet. Er ist klug, ideenreich, listenreich. Jede Lebensmöglichkeit aber, die wir verwirklichen, hat auch Folgen, ist Ausgangspunkt einer Wirkungsgeschichte, die unsere Arbeit mit Absichten und Arbeiten von anderen Menschen verbindet – und das ist meistens mit zusätzlicher Arbeit verbunden. Es kommt der Tag, an dem sich die Frage des Verzichts stellt, auch wenn der natürlich mit einem Verlust verbunden ist. Diesen Verzicht aber – und Verzicht heißt immer auch zu akzeptieren, dass unsere Kräfte Grenzen haben, dass Menschenleben immer schon an den Tod grenzt – will dieser Mann nicht leisten. Er ist gepackt von der Idee, etwas ganz besonders Großes einmal in seinem Leben erreichen zu können – den Stein wirklich auf den Gipfel zu bringen. Um das zu erreichen, meint er, müsse er alles, was er schon einmal begonnen habe, „am Laufen halten", kein Strang dürfe ihm verloren gehen. Und weil er nichts lassen kann, wird ihm die Arbeitslast immer schwerer, und der angestrebte „Höhepunkt" scheint sich immer mehr zu entfernen. Wie Sisyphos aber versucht er immer von Neuem, den Stein zu stemmen, allerdings nur mehr mit der müden Hoffnung, sein Gipfelerlebnis auf diese Weise zu erleben; mehr schon erfüllt von der Gewissheit, dass der Stein ihn zermalmt, wenn er nicht etwas opfert.

Ein anderes Beispiel zum gleichen Thema

Eine 49-jährige Frau, ebenfalls hochbegabt, wusste immer nicht so recht, worauf sie in ihrem Leben setzen sollte. Sie ist auf verschiedenen Gebieten künstlerisch begabt, andererseits hat sie einen nichtkünstlerischen Beruf. Sie konnte sich nicht für das eine oder für das andere entscheiden, lebte einige Jahre der Kunst, ging dann wieder in den Beruf zurück, wandte sich dann wieder der Kunst zu. Beziehungen waren ihr zwar sehr wichtig, aber sie mochte sich nicht niederlassen in Beziehungen.

Sie wälzt jetzt auch einen Stein; sie quält sich mit der Frage nach dem Sinn ihres Lebens, und immer dann, wenn sie meint, den Sinn gefunden zu haben, ist er wiederum nicht erlebbar. Diese ständige Frage nach dem Sinn ist in ihrem Leben das Konsequenteste, zusammen mit der Weigerung, sich für etwas und damit auch gegen vieles zu entscheiden, vieles sterben zu lassen.

Der Student, den ich vorne erwähnte, kann sich sein Scheitern auf diesem von ihm gewählten Gebiet nicht zugeben, also muss er sich mit einem immer größeren Stein belasten, den er dann natürlich nicht mehr hochstemmen kann.

Dies ist vergleichbar jenen Situationen, in denen wir ein Scheitern nicht akzeptieren als ein Aufleuchten unserer Grenzen, das uns hilft, unsere Möglichkeiten realistisch einzuschätzen, mit uns selbst maßvoller umzugehen, uns auf unser Maß zu besinnen, sondern wo wir von dem Gedanken gepackt werden, es sofort besser machen zu wollen, und uns dadurch mit unseren Ansprüchen überfordern oder gar lähmen.

Versucht man, das Gemeinsame an diesen Beispielen herauszuarbeiten, dann fällt auf, dass alle diese Menschen, so verschieden sie auch sind und so verschieden sie ihren Stein auch erleben, zwar leiden, sich aber nicht in einer Wandlung befinden. So wie Sisyphos seinen Stein wälzt und wälzt, wälzen auch sie ihren Stein. Sie können ihre Lebenssituation nicht verlassen, um sich in eine Wandlung hineinzubegeben, es sei denn, sie gerieten in eine grundlegende Krise, die dann verlangte, dass Abschied von Illusionen, aber auch von realen Möglichkeiten genommen wird. Da sie alle eine große Hartnäckigkeit auszeichnet – sie sind durchaus Menschen im Gefolge des Sisyphos –, ist damit zu rechnen, dass aus der Krise heraus dann neue Wege gefunden werden, es sei denn, sie hätten so viel Kraft zu verschenken, dass sie auch in der Krise ihren Stein immer wieder in der gleichen Haltung höben und wieder emporstemmten. Auch hier gleichen sie Sisyphos: Er war in der Unterwelt, aber er kam ungewandelt wieder auf die Oberwelt zurück …

Wandlung ist aber nur möglich, wenn wir loslassen können, wenn wir Verluste akzeptieren können,[29] also letztlich, wenn wir einsehen, dass Gewinnen und Verlieren zum Leben gehören, dass wir nicht nur „Meisterdiebe“, sondern auch „Meisterverlierer“ sein müssen, um ein Thema des Mythos wieder aufzunehmen.

Das Loslassenkönnen erfordert mehr Mut als das Festhaltenwollen. Wir wissen ja jeweils nicht, wie sich das Leben verändert, wenn wir loslassen. Der Mythos sagt uns nur, was geschieht, wenn wir über die Zeit hinaus festhalten. Loslassen könnte dann aber dazu führen, dass Wandlung stattfinden kann.

Ein Beispiel
Loslassen schafft Freiheit

Ein Paar, beide um die 45, hatte große Schwierigkeiten miteinander. Diese Schwierigkeiten wurden zu dem Zeitpunkt, als die Kinder das Haus verließen, sehr deutlich erlebbar, da das Paar ja nun wieder als Paar mehr aufeinander angewiesen war. Beide waren der Ansicht, dass eine Trennung oder gar eine Scheidung für sie überhaupt nicht in Frage käme. Sie versuchten, ihre Beziehung zu verbessern, gingen miteinander aus, machten Programme, kamen schließlich in Paartherapie, wo nach einiger Zeit deutlich wurde, wie sehr sie sich einerseits bemühten, eine gemeinsame Basis zu finden, gemeinsame Interessen zu entwickeln und einander zumindest freundliches Wohlwollen entgegenzubringen, andererseits aber beide den Partner als hemmend empfanden, allergisch auf jede Äußerung verbaler oder körperlicher Art reagierten. Als sich die Frau beschwerte, dass sich ihr Mann immer so unangenehm räuspere, machte ich ihr klar, dass er das bestimmt nicht verändern könne, dass im Gegenteil anzunehmen sei, dass sich dieses Räuspern im Laufe des Lebens noch verstärken werde. Diese meine ganz sachlich eingestreute Äußerung, die in sich auch den Hinweis enthielt, den Partner einmal so zu nehmen, wie er halt im Moment sei, und nicht, wie er sein könnte, wenn er alle Anforderungen erfüllen würde, bewirkte, dass die Frau plötzlich darüber sprechen wollte, wie eine Trennung aussehen könnte.

Das Gesetz, dass sie immer beisammenbleiben müssten, wurde also außer Kraft gesetzt. Beide verzichteten auf diese Sicherheit, opferten diesen Anspruch. Dieses Opfer war mit viel Angst verbunden. Es stellte sich beiden die Frage, was denn die Umgebung dazu sagen würde, und dann auch, wie sie allein zurechtkämen und so weiter.

Als die Entscheidung, eine Trennung ins Auge zu fassen, von beiden akzeptiert war, beide sich auch mehr Freiheiten nahmen, gingen sie auf einmal in einer ganz anderen Weise aufeinander zu: Plötzlich konnten sie Gefühle miteinander teilen, die sie noch nie zuvor miteinander geteilt hatten.

Natürlich könnte man diese Entwicklung auch als eine Folge der Angst vor Trennung sehen, vor dem Alleinsein, die in beiden aufgebrochen war, als sie dieses für sie beide so unumstößliche Sicherungsgesetz aufgegeben hatten. Diese neue Entwicklung kann aber gerade auch so gedeutet werden, dass die Möglichkeit des Abschiednehmenmüssens das neu in ihnen belebte, was auf ein mögliches Zusammenleben hinwies. Natürlich hatten die beiden weiterhin Probleme miteinander, aber sie gingen nicht mehr von der Grundvoraussetzung aus, dass sich an ihrer Beziehungsform nichts ändern dürfe. Und das brachte es mit sich, dass die Probleme viel lockerer angegangen werden konnten.

Dieses Beispiel zeigt, dass im realen Leben weder einfach festgehalten noch einfach losgelassen wird, sondern dass Festhalten und Loslassen zueinander gehören. Loslassen, ohne dass zuvor festgehalten worden ist, ist eigentlich kein Loslassen. Das Thema des Sisyphosmythos ist natürlich wesentlich mehr ein Festhalten deshalb, weil man nicht loslassen kann, nicht loslassen will. Als ganzer Mythos ist in ihm aber auch eine Gegenkraft angelegt gegen das zu leichte Loslassen, gegen das Aufgeben. Ich habe das Stemmen des Steines von Anfang an unter dem doppelten Aspekt zu sehen versucht: im Aspekt des nicht enttäuschbaren Einsatzes, der Hartnäckigkeit, des mutigen Immer-wieder-Angreifens, der Konzentration, um nur ein paar Stichworte wieder aufzugreifen, und im Aspekt des vergeblichen Bemühens.

Festhalten und Loslassen

Dieser Mut zur Hartnäckigkeit, zum Einsatz, auch wenn kein Erfolg in Sicht ist, der Camus so sehr beeindruckt hat, teilt sich auch mit, wenn man sich mit dem Mythos beschäftigt. Wir halten ja nicht nur fest, wir lassen oft auch zu früh los, sind resigniert, leiden an der Vergeblichkeit, halten etwas, kaum haben wir begonnen, für aussichtslos. Diese Haltung kann natürlich sehr viele Gründe haben, auf die ich hier nicht alle eingehen kann. Es ist eine Haltung, die dem Tod mehr Platz einräumt als dem Leben, dem Verlust mehr als dem Gewinn, der Zerstörung mehr als der Kreativität. Eine Haltung, die aus der Tatsache, dass wir sterben müssen, allem Leben schon den Todeshauch gibt. Dem Willen, der Entschlusskraft, dem menschlichen Ich wird nichts zugetraut, dem bösen Schicksal alles. Das ist letztlich die Haltung, gegen die sich die französische Existentialphilosophie wandte und die gerade angesichts der Kriege, also gerade angesichts der Situationen, denen der Mensch scheinbar hilflos ausgesetzt war, dazu aufrief, so lange wie möglich diese Hilflosigkeit eben nicht zu akzeptieren und alles zu tun, was in den eigenen Kräften liegt, auch wenn es hoffnungslos erscheint.

Diese Haltung wird im Roman „Die Pest" von Camus exemplarisch gestaltet: In Oran bricht die Pest aus. Und nun beginnt der unerbittliche Kampf der Bewohner gegen diese unhaltbar sich ausbreitende Epidemie,

die das gesamte Leben in der von der Außenwelt abge-
schlossenen Stadt verändert. Für Rieux, den Arzt, ist es
selbstverständlich, dass er so lange gegen die Krankheit
kämpft, wie es ihm möglich ist, auch wenn sich immer
dieselben Ereignisse wiederholen und er keinen Erfolg
haben kann, dass sich etwas verändert:

„Er aber schlug Betttuch und Hemd zurück und betrachtete
schweigend die roten Flecken auf Bauch und Schenkeln und
die Schwellungen der Lymphdrüsen. Die Mutter schaute auf
die Innenflächen der Beine ihrer Tochter und schrie auf, ohne
sich beherrschen zu können. Jeden Abend heulten Mütter so,
mit abwesender Miene, vor Körpern, die sich mit all ihren
Todesmerkmalen darboten, jeden Abend wurden Rieux'
Arme umklammert, überstürzten sich nutzlose Worte, Ver-
sprechen, Weinen; jeden Abend lösten die Glocken der Kran-
kenwagen Anfälle aus, die gleich vergeblich waren wie jeder
Schmerz. Und nach dieser langen Folge stets gleicher Abende
konnte Rieux nichts anderes erhoffen als eine lange Folge derselben Auftritte, die sich unendlich oft wiederholen würden.
Ja, die Pest war eintönig wie die Abstraktion. Es gab vielleicht
nur etwas, das sich änderte: Rieux selbst. Er empfand dies an
jenem Abend am Fuße des Standbildes der Republik; er war
sich nur noch jener schwer erringbaren Gleichgültigkeit
bewusst, die ihn zu erfüllen begann, während er unverwandt
auf den Hoteleingang starrte, in dem Rambert verschwunden
war."[30]

Rieux kämpft gegen den Tod, auch wenn er weiß,
dass er scheitern wird. In der Haltung von Sisyphos
versucht er, dem Tod seine Opfer abzutrotzen, aber

auch möglichst viele Menschen vor der Trennung zu
bewahren.

„,Schließlich …', begann der Arzt, und wieder zögerte er und
blickte Tarrou aufmerksam an, ‚ist es etwas, das ein Mann wie
Sie verstehen kann, nicht wahr; aber da die Weltordnung
durch den Tod bestimmt wird, ist es vielleicht besser für Gott,
wenn man nicht an ihn glaubt und dafür mit aller Kraft gegen
den Tod ankämpft, ohne die Augen zu dem Himmel zu erhe-
ben, wo er schweigt.'
‚Ja', stimmte Tarrou zu, ‚ich verstehe. Nur werden Ihre Siege
immer vorläufig bleiben, das ist alles.'
Rieux' Gesicht schien sich zu verdüstern.
‚Immer, ich weiß. Das ist kein Grund, den Kampf aufzugeben.'
‚Nein, das ist kein Grund. Aber nun kann ich mir vorstellen,
was die Pest für Sie bedeuten muss!'
‚Ja', sagte Rieux, ‚eine endlose Niederlage.'"[31]

Ganz im Gegensatz zu ihm steht Rambert, ein Journa-
list, der zufällig bei Ausbruch der Pest in Oran war. Er
hat eine Frau in Paris, die er liebt und nach der er sich
sehnt. Er versucht immer wieder, aus der abgeschlosse-
nen Stadt herauszukommen. Er wählt die Flucht – und
damit die Liebe. Als es endlich so weit ist, dass es eine
Fluchtmöglichkeit zu geben scheint, da sind die, die
Rambert helfen sollten, an Pest erkrankt. Empört sagt
er, er müsse wieder von vorne anfangen, und plötzlich
sagt er:

„Sie haben noch nicht begriffen, dass sie [die Pest] darin
besteht, wieder von vorne anzufangen."[32]

Nachdem Rambert diese Aussage gemacht hat, will er Rieux in seinem freiwilligen Sanitätsdienst helfen, bis er die Stadt verlassen kann. Er, der die Liebe gewählt hatte, wählt nun die Nächstenliebe. Die geliebte Frau kommt in die Stadt, als die Pest besiegt ist. Der Roman beeindruckt durch diesen Kampf gegen die Pest, auch wenn der Kampf ganz und gar hoffnungslos erscheint. Je hoffnungsloser die Situation ist, desto mehr kämpfen die Menschen, wächst ihr Mut in der Hoffnung, die Seuche zum Stillstand zu bringen.

Aber was symbolisiert die Pest? Im Roman selbst lässt Camus einen alten Asthmatiker, der nicht an der Pest erkrankt ist, sagen: „Aber was heißt das schon, die Pest? Es ist das Leben, sonst nichts."

Sehr oft hängt das zu schnelle Loslassen auch mit einem hochgesteckten Ziel zusammen, das auch noch besonders schnell erreicht werden soll. Sisyphos ist bestimmt das Modell eines maßlosen Menschen, aber der Anti-Sisyphos ist es natürlich ebenso. Der Anspruch ist so maßlos, dass er gar nicht erreicht werden kann, dass deshalb auch gar nicht die Energien frei gemacht werden können, um ihn zu erfüllen. Es sind oft Menschen, die extrem auf ein Ziel hin orientiert sind, aber die Wege oder gar Umwege dahin, die Wiederholungen der Mühe erfüllen sie mit Grauen. Angesichts dieser unbefriedigenden Situation verzagen sie leicht, geben alles verloren – und damit auch sich selbst.

Loslassen, sich aufgeben, dafür irgendeine Autorität, die „Gesellschaft", ein Schicksal, einen Gott so ganz und gar verantwortlich zu machen für alles, was geschieht, das ist eine Haltung, gegen die wir immer wieder ankämpfen müssen.

Sisyphos kann dagegen als Modell für einen Menschen gelten, der seine Kraft und seinen Willen betont in den Vordergrund stellt, der auf der Autonomie seines Ich beharrt.[33] Er nimmt alles auf sich, nur um sich immer wieder diese Autonomie zu beweisen. Zwar hat er diese Arbeit nicht selbst gewählt. Auch wenn keine Aussicht auf Erfolg da ist, es steht ihm nicht frei, seinen Stein liegen zu lassen. Dieser Gedanke ist unerträglich: Wir wissen heute, dass wir viel motivierter sind, eine Arbeit zu tun, wenn wir auch dahinterstehen können, wenn wir uns einverstanden erklärt haben damit. Sisyphos muss sich also einverstanden erklären mit seiner Strafe, und dann wäre es keine Strafe mehr. Und die Qual des Sisyphos ist vielleicht auch keine Arbeit, selbst wenn wir uns immer wieder darauf beziehen, sondern ein Bild des Schicksals des Menschen. Leben heißt, immer wieder diesen Stein zu stemmen; erklären wir uns einverstanden damit, dann ist es nicht mehr sinnlos.

Auch wenn der Mythos letztlich aussagt, dass sein Streben nicht ganz menschengemäß ist, dann verkörpert er doch die absolute Gegentendenz zu diesem Alles-immer-wieder-Loslassen, jeden Lebensimpuls der Vergänglichkeit preiszugeben, zu der Weigerung, Leben kreativ gestalten zu wollen – auch wenn wir letztlich nicht wissen, wieweit das uns jeweils möglich ist.

Die existentielle Thematik, die im Mythos von Sisyphos angesprochen wird, ist die Thematik von Autonomie und Abhängigkeit, von Expansion und Bescheidung, von Beharren auf dem eigenen Willen und dem Akzeptieren der Grenzen. Es geht um die Notwendigkeit, angesichts des Todes, der in Form von Veränderungen schon immer in unserem Leben anwesend ist, Leben zu gestalten, so intensiv wie möglich gegen den Tod anzuleben und doch auch diese Veränderungen zu akzeptieren. Das Leben, so wie es ist, zu akzeptieren und gerade dadurch die Freiheit zu haben, es in einem hohen Maße selbstwirksam gestalten zu können.

Der Mythos beleuchtet in diesem Zusammenhang aber nur einen Teil des Lebens, nämlich den des tätigen Handelns. Sisyphos arbeitet ja auch mit Händen und Füßen; im Übrigen ist er ein sprachloser Held, und er ist auch ein Held, dem die Liebe fehlt. Gerade die Liebe aber ist es vor allem, die es uns ermöglicht, angesichts des Todes ein Mehr an Leben zu erfahren. So ist es denn auch nicht erstaunlich, dass Menschen, wenn sie von Sisyphos sprechen, vor allem von der Sisyphos-arbeit reden, die ja in der Tat, wenn wir jetzt den ganzen Gedankengang bedenken, jeweils hinterfragt werden müsste: Ist es eine Arbeit, die wir uns aufbürden, weil wir nicht loslassen, eine Idee, die wir nicht opfern können, oder ist es eine Arbeit, die zwar sehr schwer ist, aber letztlich sinnvoll, auch als Erfahrung, wenn wir das Ziel nicht erreichen?

Diese Arbeit muss ja nicht nur im Sinne einer äußerlich zu bewältigenden gedacht werden, sondern auch als Arbeit an sich selbst, als Auseinandersetzung etwa mit einem grundlegenden Problem, mit dem wir zu kämpfen haben. Und gerade diese Auseinandersetzung mit einem Grundproblem, sosehr sie sich auch immer wieder gleichen mag, ist es, die uns im Laufe des Lebens ein Mehr an Autonomie bringt. Solange wir allerdings der festen Überzeugung sind, dass ein solches Problem ein für alle Mal bewältigt werden muss, so lange werden wir den Stein, wenn wir ihn wieder schleppen müssen, nur mit äußerstem Widerwillen tragen. Können wir einmal akzeptieren, dass unsere Hauptprobleme sich immer nur ein Stück weit neu zeigen und immer auch nur in einem gewissen Maße bearbeitet werden können, dann werden wir den Stein stemmen, wenn es Zeit dafür ist, und sehen, wie weit wir diesmal mit ihm kommen. Der Umgang mit unseren „Steinen" wird ein anderer. Wir akzeptieren, dass alles sich immer wiederholen wird. Es ist dasselbe, aber doch jedes Mal wieder neu, derselbe Stein, dieselbe Anstrengung, und doch gehen wir den Weg mit ihm immer wieder neu, können auch neue Wegerfahrungen machen, wenn wir dafür offen sind und wissen, dass der zurückzulegende Weg das Ziel ist. Es ist ein Einwilligen in das Pulsieren des Lebens, in Kommen und Gehen, in die ewige Wiederkehr, in die prozesshafte Auseinandersetzung von Leben und Tod. Bilder dafür sind die Bewegung der Meereswellen, Sonnenaufgang und -untergang.

Ob wir diese ewige Wiederholung als „immer wieder" erleben oder als „immer wieder neu", hängt wesentlich davon ab, ob wir uns mit dieser Wiederholung, der Wiederkehr eigentlich, einverstanden erklären können, einverstanden auch in dem Sinne, dass gerade die Wiederholung ja auch etwas wieder holt, was sonst verloren gehen könnte, dass also in der Wiederholung und in der Wiederkehr auch etwas zu uns zurückkehrt, was wir durch die Vergänglichkeit so leicht verlieren können. Letztlich geht es darum, ob wir ein Grundgesetz akzeptieren können, das wir auch immer körperlich an uns erleben, oder ob wir der Ansicht sind, dass wir dieses Grundgesetz außer Kraft setzen müssen.

Ein Beispiel
Das immer gleiche Problem, das sich doch verändert

Ein 38-jähriger Mann sagt von sich, er leide schon das ganze Leben lang an „Minderwertigkeitsgefühlen". Er stammt aus einer Familie, die sich als ganze ausgestoßen und minderwertig vorgekommen ist; er war zudem schwächlich, und das galt in dieser Familie nochmals als Zeichen der „Minderwertigkeit". Dieses Thema der Minderwertigkeit war denn auch der Grund, warum er Therapie aufsuchte. Ein ganzes Leben lang habe er versucht, dieses Gefühl der Minderwertigkeit abzulegen; er habe unheimlich viel von sich gefordert, aber er fühle sich doch minderwertig, auch wenn er wisse, dass er in fast allen Belangen den meisten Menschen überlegen sei und natürlich auch ganz andere Ansprüche an sich stelle als andere. Dieses „Minderwertigkeitsgefühl", gepaart mit einem ansehnlichen Überlegenheitsgefühl, ist so etwas wie ein Stein des Sisyphos, der immer wieder hochgestemmt werden muss.

Die therapeutische Arbeit, die ich mit ihm beginne, geht dahin, dass wir miteinander versuchen, Lebensbereiche weiterzuentwickeln, die noch wenig entwickelt sind, so dass letztlich dieses Grundproblem überwachsen werden kann, in Anlehnung an die wesentliche

Aussage von Jung: „Ich hatte nämlich inzwischen einsehen gelernt, dass die größten und wichtigsten Lebens-
probleme im Grunde genommen alle unlösbar sind …
Sie können nie gelöst, sondern nur überwachsen
werden."[34] Aber wir kommen natürlich nicht daran
vorbei, auch diese Grundprobleme, die sich im Alltag
immer wieder quälend zeigen, zu bearbeiten.

Diese Problematik zeigt sich bei diesem Mann in
immer neuen Formen, in der Anfangsphase der Therapie etwa darin, dass er mit allem und jedem rivalisieren
musste und dann unglücklich war, wenn er als „unan-
genehmer Mensch" empfunden wurde, den man mied.
In einer späteren Phase trat das Rivalisieren etwas in
den Hintergrund, dafür entwertete er die Leistungen
anderer Menschen so sehr, dass er mit der Zeit das Gefühl bekam, in einer total entwerteten Welt zu leben.
Jeder Dichter, jeder Komponist, jeder Maler, jeder Wis-
senschaftler, jeder Zeitgenosse überhaupt hatte doch
eigentlich nichts zu sagen. Als ihm bewusst wurde, wie
sehr er sein eigenes Grundgefühl, seine Angst, letztlich
nichts zu sagen zu haben, bei den anderen Menschen
sah, hat er sich diese Haltung verboten – doch immer
wieder fiel er in diese Haltung zurück. Zwar war er un-
terdessen so weit, dass er von sich nicht mehr verlangte,
der weiseste und klügste aller Menschen sein zu müssen, er war sich auch in gewissen Bereichen des Lebens
seines Selbstwertes durchaus bewusst, und doch begann er plötzlich wieder zu rivalisieren, zu entwerten
und in einer nächsten Phase auch glühend zu neiden.
Immer wieder setzte er sich mit diesen Gefühlen, die
sich natürlich auch in der therapeutischen Situation

zeigten, auseinander. Nachdem ihm einsichtig geworden war, dass dieses Problem ihn ein Leben lang begleiten würde, ärgerte er sich weniger darüber, wenn es wieder so störend auftrat und immer auch Beziehungen bedrohte, sondern fing an, mit großem Interesse hinzusehen, wie das Problem sich denn jetzt wieder zeige. Nicht „schon wieder" dieses Problem, hieß es dann plötzlich, sondern: „Dieses Mal habe ich den Neid ganz anders erlebt als bei meiner letzten Neidattacke, diesmal war ich nicht nur neidisch, sondern auch voll Bewunderung für diesen Kollegen, und das war eine warme Bewunderung."

Und indem er nachdachte und nachspürte, wie sich seine Probleme im Bereich des Selbstwertes jetzt wieder neu zeigten, wie der Stein aussah, den er jetzt wiederum stemmen musste, und welchen Weg er dieses Mal mit ihm nahm, erinnerte er sich auch immer an alle Wege, die er mit diesem Problem und dank dieses Problems schon zurückgelegt hatte. Es war nicht einfach eine Wiederholung, eine Wiederkehr des Gleichen – das war es auch –, er ging aber innerhalb dieser Wiederholung auch immer ein wenig neue Wege. Und immer deutlicher wurde das Lebensthema[35], das sich im Neid verbarg, für ihn erlebbar: Er wollte gönnend werden, sich selber und anderen Menschen gegenüber.

Die Wiederholung als Aspekt des schöpferischen Tuns

Sehr deutlich wurde dieses Moment der Wiederaufnahme auch am Beispiel der Malerin, der es nicht gelang, das Bild zu malen, das sie wirklich gesehen hatte, und die immer wieder von Neuem versuchte, das Bild zu gestalten. Sieht man die Serie der Bilder an, die sie gemalt hat, dann muten sie wie eine Wiederholung an – und doch wird deutlich, wie sich die Gestaltung immer ein wenig verändert in Richtung einer größeren Einfachheit, die diese Malerin wohl angestrebt hat.

Das Element der Wiederholung ist hier die Möglichkeit, sich schrittweise an etwas anzunähern, was nicht auf einmal ausdrückbar ist. Und das scheint mir für den schöpferischen Prozess überhaupt typisch zu sein. Jeder schöpferische Mensch ist immer wieder von Ideen gepackt, die ihn schon immer irgendwie beschäftigt haben, und im Laufe des Lebens versucht er immer wieder, das, was er wirklich meint, oder das, was durch ihn hindurch Ausdruck sucht, auszudrücken. Bei vielen schöpferischen Menschen ist dann die Summe dessen, was sie ausgedrückt haben, das, was sie wirklich mitzuteilen hatten; die Wege, die sie beschritten haben, die Spuren dieser Wegbegehungen sind dann das Werk und weniger ein Ziel, das sie erreicht haben.

Der Mythos von Sisyphos ist natürlich auch ein Mythos, der wesentliche Aspekte des schöpferischen Arbeitens abbildet, gehen wir davon aus, dass – wie bei der Malerin – ein inneres Bild, eine Idee, eine Fragestellung sich aufdrängen und immer wieder bearbeitet werden müssen. Dem schöpferischen Menschen kann es gelingen, den Tod insofern zu überlisten, als Jahrhunderte nach seinem Tod seine Gedanken oder Bilder noch wirksam sind.

In diesem Mythos wird aber vor allem der Aspekt der ewigen Wiederholung, der auch im schöpferischen Arbeiten eine große Rolle spielt, dargestellt, dieses konsequente Dranbleiben und weniger der Rausch der Gottähnlichkeit, der damit verbunden sein kann. Sisyphos ist nicht Prometheus.

Es ist der mühsame Teil am schöpferischen Arbeiten, der hier dargestellt ist. Und auch da stellt sich die Frage, wann man loslassen müsste. Die erwähnte Malerin malte stur und besessen, wie sie es selbst ausdrückte, bis sie eines Tages ein anderes Bild sah, das zu malen noch wichtiger war. Sie ließ die „alte Bilderfolge einfach einmal liegen – und Jahre später malte sie mühelos *das* Bild, das ihr eigentlich vorgeschwebt hatte. Sie hatte, nachdem sie den gleichen Stein so lange gewälzt hatte, ihn einfach liegen gelassen und ihn sehr viel später wieder aufgenommen. Für sie war die Frage, wann es denn sinnvoll sei, den Stein zu stemmen, und wann man loslassen, ablassen müsse von diesem Stein, die sich uns bei der Übertragung dieses Mythos auf alltägliches Leben immer wieder stellt, kein Problem: Sie war offen für ihre Ideen, und als eine andere Idee sie mehr zu bestimmen begann, folgte sie dieser. Solches Offensein ist dabei entscheidend; das ist die Möglichkeit, dem Wiederholungszwang zu entgehen. Zudem wird hier sehr deutlich, wie es zwar für den schöpferischen Prozess unabdingbar ist, dass wir immer wieder eine

Anstrengung, eine Auseinandersetzung mit dem Inhalt des Schöpferischen haben, eine bewusste Gestaltung versuchen, aber dass das allein das Schöpferische eben nicht ausmacht. Dazu kommt der Einfall, der sich nicht „machen" lässt. Der Einfall aber wird, durch viele Gestaltungen hindurch, oft durch eine vermeintliche Wiederkehr desselben zu seinem prägnantesten Ausdruck gebracht. Das ist vielleicht auch das, was Künstler als das Ringen mit ihrem Genius beschreiben: Das könnte im Mythos von Sisyphos mit ausgedrückt sein, wenn wir im Stein symbolisch den Gott Hermes oder Apollo sehen. Aber auch dann müsste sich der Stein mit der Zeit verändern und damit auch unmerklich andere Wege nehmen.

In diesem Zusammenhang formuliert Goethe:

„1824, Dienstag den 27. Januar 1824 …
Man hat mich immer als einen vom Glück besonders Begünstigten gepriesen; auch will ich mich nicht beklagen und den Gang meines Lebens nicht schelten. Allein im Grunde ist es nichts als Mühe und Arbeit gewesen, und ich kann wohl sagen, dass ich in meinen fünf und siebzig Jahren keine vier Wochen eigentliches Behagen gehabt. Es war das ewige Wälzen des Steines, der immer von Neuem gehoben sein wollte. Meine Annalen werden es deutlich machen, was hiermit gesagt ist. Der Ansprüche an meine Tätigkeit, sowohl von außen als von innen, waren zu viele."[36]

Auch bei Goethe wird deutlich: Das „Wälzen des Steines" ist eine Frage des Anspruchs, von innen und von außen.

Noch einmal: Loslassen

Im Zusammenhang mit der ewigen Wiederkehr desselben fiel auf, dass Menschen dann von Sisyphosarbeit sprechen, wenn gar nicht die Arbeit als solche eine große Mühsal und nicht zu bewältigen ist, sondern wenn diese ewige Wiederholung an und für sich, dieses Fehlen von Veränderung zur Qual wird. So sprechen Menschen, die den Anfang lieben, das neu Aufbrechende, die auf ihre Art auch den Tod nicht akzeptieren, der ja das Ende setzt und von da aus unendlich vieles in unserem Leben in Rhythmen von Anfang und Ende, von Neubeginn und Ausklang bringt. Auch sie lassen zu wenig los, obwohl sie gerade dadurch imponieren, dass sie scheinbar ständig loslassen, weil sie ja nur den Anfang wollen und nicht die Fortsetzung. Sie lassen aber nicht von dem Gedanken ab, dass das Leben so sein sollte, wie sie es sich wünschen. Sie wollen ewigen Frühling. Und weil sie diesen Gedanken nicht opfern können, können sie die Wiederholung nicht akzeptieren. Sie sind aber auch nicht willens, innerhalb der Wiederholungen das Neue zu sehen und ewige Wiederholungen als den Rhythmus des menschlichen Lebens zu begreifen, der das Dasein auch strukturieren kann, denken wir etwa an unseren periodisch sich immer wieder meldenden Hunger.

Wenn sich solche Wiederholung aber verbindet mit der Schwere des Steins, den ein Mensch zu stemmen hat oder meint, stemmen zu müssen, dann stellt sich doch wiederum die Frage nach dem Loslassen, die Frage, ob denn vielleicht nicht die heroische Anstrengung des Sisyphos zu heroisch nachgelebt wird, ob dadurch vielleicht zu wenig Raum und Zeit bleibt für andere Lebensbereiche, die den Niederschlag in anderen Mythen gefunden haben. Immerhin, auch Sisyphos könnte zumindest vorübergehend aufatmen, dann nämlich, wenn der Stein von selbst ins Tal rollt, seinen eigenen Weg nimmt. Sieht man den Mythos nur unter dem Aspekt des Scheiterns, dann ist der dem Sisyphos entgleitende Stein als „Rückfall" zu bezeichnen. Es könnte darin aber auch der Moment abgebildet sein, in dem wir, nachdem wir alles gegeben haben, den Stein nicht mehr in der Hand haben, wo er seinen eigenen Weg nimmt, auf den wir keinen Einfluss mehr haben.

Sisyphos versuchte wenigstens, nicht auch noch den hinunterrollenden Stein zu kontrollieren. Wir wissen allerdings nicht, wie er den Abstieg ins Tal gestaltet hat, ob er die vorübergehende Freiheit genossen hat oder ob er vom Gedanken beseelt war, den Stein so bald wie möglich wieder zu stemmen. Aber hier wäre, bei aller Sisyphosarbeit, der Moment des Aufatmens, der Moment des Durchatmens, da könnte Sisyphos seine Schultern fallen lassen, seinen Blick vom Stein, den er stemmen muss, auch abwenden und in die Gegend schauen. Auch wenn der Stein immer wieder gestemmt werden muss, gibt es den Rhythmus zwischen Aufatmen und Stemmen. Diesen Rhythmus kann man sich allerdings versagen, wenn man den Stein, der einem aufgegeben ist, nie aus den Augen verlieren will, immerzu nur an ihn denkt.

Es wäre ziemlich unsinnig, den Stein auch noch beim Hinunterrollen kontrollieren zu wollen. Aber gerade das versuchen viele von uns zu tun.

Ein Beispiel
Ablösung

Ein Elternpaar hat seinen Sohn sehr lange immer wieder umsorgt, behütet, geleitet und versucht, ihn an die Stelle des Lebens zu bringen, die ihnen als die richtige für ihn erschien. Sie erlebten das als sinnvolle, aber immer auch mühsame Arbeit. Mit 28 Jahren hatte der Sohn genug von dieser sehr liebevollen Fürsorge. Er sagte, er fühle sich von den Eltern ständig geschoben und gedrängt. Er zog in eine andere Stadt. Beide Eltern waren sehr bekümmert darüber, dass sie nun keine Information mehr bekamen, wie es mit seinem Leben weiterging. Ihre ganze Energie verwendeten sie darauf, sich zu überlegen, wie sie den Sohn doch noch kontrollieren könnten, ohne dass es ihm lästig fiele. Sie hielten das für ihre Aufgabe und wären sich schlecht vorgekommen, hätten sie weniger Gedanken auf dieses Problem verwendet.

Natürlich wird hier deutlich, dass diese Eltern nicht loslassen konnten, vor allem auch, weil sie sich so auf den Sohn konzentriert hatten, dass sein Leben ihr zentraler Lebensinhalt war. Sie konnten nicht einmal loslassen, als er ihnen schon entglitten war. Hier aber ist grundsätzlicheres Loslassen gefordert.[37]

Wenn nicht die Überschwere des Steins uns einfach zwingt loszulassen, können wir auch durch einen Entwicklungsprozess, wie er zum Beispiel in einem Trauerprozess erfolgt, loslassen. Indem wir das, was in einer Beziehung war, was gewachsen ist, was man ineinander belebt hat, sich wieder ins Gedächtnis ruft, wird uns noch einmal bewusst, was wir erlebt haben, gerade in der Gegenüberstellung zur notwendigen Veränderung. Dabei kann Dankbarkeit erlebt werden. Das Bedürfnis nach einer lebbaren Zukunft, das den Menschen auszeichnet, bewirkt, dass wir uns ablösen und auf die Zukunft einstellen, ohne dass wir alles verloren geben müssen, was wir gehabt haben. Was in uns belebt worden ist durch das jeweils gelebte Leben, muss nicht geopfert werden. Es ist ein Aspekt unserer Persönlichkeit geworden. Loslassenmüssen, weil der Stein überschwer geworden ist, kann als Verlust erlebt werden, der nachträglich betrauert werden muss.

Der Mythos der Vierzigjährigen

Gehen wir von der zentralen Aussage dieses Mythos aus, dass einerseits die Notwendigkeit des Todes akzeptiert werden, andererseits der Tod auch überlistet werden muss in dem Sinne, dass wir unser Leben nicht zu leicht der Stimmung der Vergänglichkeit preisgeben, so wundert es nicht, dass Menschen um die vierzig von dieser Thematik meist sehr betroffen sind. Neue Lebensthemen stehen an und müssen berücksichtigt werden. Leben, das auch gelebt werden könnte, verbirgt sich oft hinter Depressionen in der Lebensmitte, meinte C. G. Jung.[38]

In der Lebensmitte ist es nicht mehr möglich, die Tatsache des Sterbenmüssens, des Hinlebens auf den Tod, zu leugnen. Zudem ist es auch eine Lebensphase, in der von vielem, was zuvor gegolten hat, Abschied genommen werden muss. Die hochfliegenden Pläne der jungen Jahre, die dem Leben Richtung, Anreiz und Herausforderung gegeben haben, sind eingelöst oder eben nicht eingelöst. Der Zusammenstoß des Unmöglichen mit dem Möglichen hat dem Menschen seine Grenzen aufgezeigt, keine starren, sondern verschiebbare, aber keinesfalls mehr ins Unendliche verschiebbare Grenzen. Der Mensch lernt, dass er ein gewöhnlicher Mensch sein darf, aber auch sein muss. Gewöhnlich sein zu dürfen und zu müssen bedeutet, dass wir von vielen Größenideen und übertriebenen Ansprüchen Abschied nehmen dürfen und müssen.

Damit ist einerseits ein ständiges Abschiednehmen verbunden, andererseits ein immer größerer Grad von Freiheit. Abschiednehmen ist auch Befreiung hin zu Ideen, Werten, Forderungen an uns und andere, die wirklich zu uns gehören. Gewöhnlichsein öffnet sehr viele gewöhnliche Lebensmöglichkeiten. So besteht hier die Möglichkeit, den eigenen Interessen zu folgen und nicht das zu tun, von dem man denkt, dass es im Moment am meisten Ansehen gibt. Den eigenen Interessen nachhaltig zu folgen, bringt eine große Belebung mit sich.

Das Erlebnis, dass sich vieles wiederholt im Leben, wird immer häufiger, unübersehbarer. Sehr oft sagen wir uns, dass wir „das" doch kennen. Dabei geht es nicht nur um die vielen Wiederholungen im Alltag, es geht auch um Wiederholungen von schönen Erfahrungen mit uns selbst und an uns selbst sowie um die Wiederholung von quälenden Erfahrungen. Aber auch im Erleben der nächsten Generation werden Wiederholungen sichtbar: Sehnsüchte, Hoffnungen, Forderungen, Proteste wiederholen sich, Probleme kehren wieder, das Umgehen mit den Problemen wiederholt sich ebenfalls. Ja sogar die Mode und der damit verbundene Geschmack wiederholen sich.

Wer nur die Tatsache sieht, dass sich so sehr vieles wiederholt, und sich auf die jeweiligen Situationen innerhalb der Wiederholungen nicht einlässt, der wird bald verzweifelt nach etwas ganz anderem Ausschau halten, das nirgends anzutreffen ist.

Das Problem des Alterns, des Älterwerdens besteht in dieser Phase im Wesentlichen darin, dass diese Wiederholungen als Strukturelement der verstreichenden Zeit und damit des Todes, der ins Leben hineinreicht, akzeptiert werden müssen, dass wir aber auch unsere Erlebnisfähigkeit nicht im bloßen Wahrnehmen der Wiederholung und in ihrem Beklagen erschöpfen dürfen. Es mag immer der alte Stein sein, aber wir sind fähig, verschiedene Wege mit ihm zu gehen. Der große Durchbruch, auf den man einmal gehofft hatte, findet, wenn überhaupt, in kleinen Schritten statt, aus diesen Wiederholungen heraus, die dann plötzlich doch neues Erleben zulassen.

Zudem wird immer deutlicher, dass man selbst das Leben in die Hand nehmen muss, wenn etwas geschehen soll; man kann nicht mehr immer den andern die Schuld zuschieben. Die Gesellschaft, die man kritisiert, ist man selbst auch – und das zeigt sich oft daran, dass Menschen in diesem Alter in Positionen sind, in denen sie mitentscheiden und überhaupt Entscheidungen treffen. Erfahrungen sind gemacht, die dies auch ermöglichen; es ist auch genug Energie da, diese Entscheidungen und die damit verbundenen Arbeitsprozesse durchzutragen. Das Gefühl des Selbstwerts nährt sich nicht mehr aus den großen Ideen, die man irgendwann einmal realisieren wird, sondern aus dem, was tatsächlich realisiert wird, was sichtbar ist und greifbar, aus der Gestaltung des Möglichen.

Das bewusste Wissen darum, dass der Tod mitlebt, macht Leben kostbar, lässt die Lebendigkeit des Lebens suchen. Damit aber stellt sich die Thematik des Sisyphosmythos in einem großen Umfang: in einem positiven Sinn, indem man versucht, nichts, was im Leben war, vergeblich sein zu lassen, indem man durchhält in einer Konzentration auf das, was getan werden muss, in einer Hingabe an die Aufgabe, die man sich gestellt hat. Man akzeptiert, dass die Anstrengung zwar etwas bewegt, aber keine Berge versetzt. Und dennoch werden die Spuren im Leben sichtbar. Der jugendliche Mensch aber, der natürlich in jedem Vierzigjährigen auch noch steckt, möchte noch die Gipfel erstürmen, für den bedeutet Einwilligen in menschliches Maß das Einwilligen in die ewige Wiederkehr, Akzeptieren der Langeweile, Unproduktivsein. Und kann diese allzu jugendliche Seite, die im Mythos durch das Hermeshafte in Sisyphos verkörpert ist, nicht geopfert werden, dann dominiert im Lebensgefühl das Leiden an der Vergeblichkeit – alles wird absurd, sinnlos.

Aber auch dann, wenn man Sisyphos ausschließlich auf die Arbeitswelt bezieht, werden diese Gefühle wach – und die Frage nach dem Sinn eines solchen Lebens ist jetzt wichtig. Denn es könnte an der Zeit sein, den Stein loszulassen, auf das Erlebnis der heroischen Anstrengung, die man ja auch täglich bringt, zu verzichten, um anderes mitleben zu lassen. Zugleich ist zu bedenken, ob der Zeitpunkt schon gekommen ist, ganz loszulassen. Denn wenn Sisyphos die grandiose Idee, den Fels über den Berg zu bringen, auch nie in die Tat umsetzen kann, sein Bemühen ist in sich noch immer großartig, großartig heroisch. Und dieser Heroismus ist einer, in dem wir Menschen uns Werte schaffen wollen, Werte, die uns, wenn immer möglich, überdauern.

Trotzdem: In diesem beharrlichen Erfüllen von Pflichten kann auch eine Geschäftigkeit wider den Tod gesehen werden, wider die Vergänglichkeit. Damit versuchen wir zu verdrängen, dass wir sterblich sind. Dieser Aspekt zeigt sich besonders dann, wenn wir so gar nicht bereit sind, auch einmal abzulassen, wenn wir es uns immer wieder beweisen müssen, dass wir es noch können. Dabei bleiben dann andere Lebensbereiche, die uns die Lebendigkeit des Lebens mindestens so sehr, wenn nicht mehr erfahren lassen könnten, ausgespart, nicht zuletzt auch, weil Tätigsein, Handeln, etwas Bewirken in unserer Gesellschaft Werte sind, die sehr hoch geschätzt werden.

Überlieferte Deutungen des Sisyphosmythos

Sisyphos als Heiler

Roscher fügt im Lexikon der griechischen und römischen Mythologie verschiedene Deutungen dieses Mythos an.[39] So beschreibt er, dass in der Fesselung des Todes durch Sisyphos auch die Tatsache ausgedrückt war, dass er heilende Mittel erfunden hatte; sein Zurückkommen aus dem Totenreich wurde als Genesung von einer schweren Krankheit gesehen. Diese Deutung, die natürlich nachvollziehbar ist und die sich auch durch die Amplifikation mit den Märchen nahelegt, lässt dann allerdings die Strafe aus. Wenn er aber ein Heiler gewesen wäre, dann ein solcher, der den Tod um jeden Preis überwinden wollte. Sollte es aber einmal möglich sein, den Menschen vom Tod ganz zu befreien, dann wäre die konsequente Folge, dass er ewig seine Bürde schleppen müsste, da er ja nicht sterben könnte.

Das Wälzen des Steines: die Arbeit der Meereswellen

„Von den Neuern wird Sisyphos überwiegend auf das Meer bezogen, zunächst direkt als ‚Allegorie der rastlos wühlenden, alles listig durchdringenden Meeresflut' oder als ‚die Flut in ihrer rastlos wandelbaren, Berge auf- und niederwälzenden, stets geschäftigen und verschlagenen, bis in die tiefste Tiefe eindringenden, und doch immer wieder emporquellenden Natur'. ‚Seine Strafe in der Unterwelt ist wohl nichts anderes als eine poetische Anschauung der unermüdlichen Arbeit der Meereswellen, welche sich von Ost und West an den Klippen des Isthmos emporwälzen, ohne die Uferhöhe erreichen zu können.'"[40]

Wir haben uns bisher in dieses Bild des Steine wälzenden Sisyphos hineinversetzt und mit ihm die ganze Anstrengung erlebt. Jetzt wird dieses Bild ersetzt durch anbrandende Wellen eines Meeres. Was zuvor Anstrengung, übermenschliche, heroische Anstrengung war, wird plötzlich Teil eines ganz natürlichen Rhythmus; Ausdruck der Energie, die im Meerwasser steckt; Rhythmus alles Lebendigen.

Die Gedanken der Wiederholung, der Wiederkehr, des Rhythmischen würden durch diesen Deutungsvorschlag sehr gestützt. Aber dadurch, dass die „Anstrengung" dem Meer übergeben wird, fällt unsere Identifikation mit dem Heros Sisyphos weg, sei es, dass wir uns auch ähnlich vorkommen, sei es, dass wir uns gegen diese Art von Heroismus wehren.

Sisyphos als Sonnenschieber

Henry sieht in Sisyphos einen Lichthelden; im Stein, den er schiebt, die Sonne, im Hinaufgerolltwerden und Niederrollen Aufstieg und Untergang der Sonne.[41] Allerdings stellt er sich vor, dass der Stein jeweils auf die andere Seite des Felsens falle, was nirgends belegt ist. Auch Ranke-Graves spricht vom Stein des Sisyphos als von einer Sonnenscheibe. Er bezieht sich auf einen gut dokumentierten korinthischen Sonnenkult und sieht in Sisyphos Helios, den Sonnen- und Lichtgott.[42]

Bei meiner symbolischen Sicht des Steins stellte sich heraus, dass in ihm Hermes oder aber Apollo dargestellt sein könnten. Die Idee, dass hier die Sonne über den Himmel getragen wird, lässt sich nicht ganz von der Hand weisen, wenn auch die Bewegung der Sonne nicht mit der Bewegung des Steins übereinstimmt. Vereinbar indessen ist das Thema von Aufgang und Niedergang, das Thema des Rhythmus im Sinne des Steigens und Fallens. Betrachten wir die Sonne symbolisch, dann könnte der heroische Versuch des Menschen dargestellt sein, immer mehr Licht in seine Welt hineinzubringen, immer bewusster zu werden. Auch das ist eine Anstrengung, die uns immer einen gewissen Fortschritt bringt, den wir aber auch immer wieder einbüßen.

Das Bemühen um Erkenntnis

Eine Deutung käme dann auch in die Nähe der von Völcker vertretenen:

„Das Steinewälzen des Sisyphos erklärt sich als das vergebliche Bestreben des menschlichen Verstandes, der, wenn er sich im Begriff glaubt, das Ziel zu erreichen und über den Gipfel wegzuschwingen, welcher ihm die letzte Aussicht

verschließt, ermattet von dem vergeblichen Bemühen zurück-
sinkt."[43]

Es ist eine Deutung, die den Menschen kennzeichnet
als einen, der immer auch eine letzte Grenze übersteigen will, wie es Ingeborg Bachmann in ihrer Geschichte
„Das dreißigste Jahr" beschreibt:

„Einmal, als er kaum zwanzig Jahre alt war, hatte er in der
Wiener Nationalbibliothek alle Dinge zu Ende gedacht und
dann erfahren, dass er ja lebte. Er lag über den Büchern wie
ein Ertrinkender und dachte, während die kleinen grünen
Lampen brannten und die Leser auf leisen Sohlen schlichen,
leise husteten, leise umblätterten, als fürchteten sie, die Geister zu wecken, die zwischen den Buchstaben hausten. Er
dachte – wenn jemand versteht, was das heißt! Er weiß noch
genau den Augenblick, als er einem Problem der Erkenntnis
nachging und alle Begriffe locker und handlich in seinem Kopf
lagen. Und als er dachte und dachte und wie auf einer Schaukel hoch und höher flog, ohne Schwindelgefühl, und als er sich
den herrlichsten Schwung gab, da fühlte er sich gegen eine
Decke fliegen, durch die er oben durchstoßen musste. Ein
Glücksgefühl wie nie zuvor hatte ihn erfasst, weil er in diesem
Augenblick daran war, etwas, das sich auf alles und aufs Letzte
bezog, zu begreifen. Er würde durchstoßen mit dem nächsten
Gedanken! Da geschah es. Da traf und rührte ihn ein Schlag,
inwendig im Kopf: ein Schmerz entstand, der ihn ablassen
hieß, er verlangsamte sein Denken, verwirrte sich und sprang
von der Schaukel ab. Er hatte seine Kapazität zu denken überschritten oder vielleicht konnte dort kein Mensch weiterdenken, wo er gewesen war. Oben, im Kopf, an seiner Schädel-

decke, klickte etwas, es klickte beängstigend und hörte nicht auf, einige Sekunden lang. Er meinte, irrsinnig geworden zu sein, und umkrallte sein Buch mit den Händen. Er ließ den Kopf vornüber sinken und schloss die Augen, ohnmächtig bei vollem Bewusstsein. Er war am Ende.'"44

Eine menschliche Erfahrung, gewiss, aber Menschen wie diese erfassen von Sisyphos nur den einen Teil, das Gipfelstürmerische, hier nun im Sinne des Erkennenwollens, was ja auch mit dem Tragen der Sonne in Verbindung gebracht werden könnte. Sie haben aber nicht die Konsequenz, die Unbeirrbarkeit, mit der Sisyphos seinen Stein wiederaufnimmt.

Der Mythos als Ausdruck des Charakters der Meeresanwohner

Sisyphos wird aber auch als Vertreter des „gewitzten Küstenvolkes gesehen, im Gegensatz zur Einfalt der Binnenländer"45. Völcker indessen spricht von einem Kaufmann, der niemals rastet, immer unterwegs ist. Und Roscher schreibt zusammenfassend:

„Das Ergebnis aus diesen verschiedenen Deutungen des Sisyphosmythos lässt sich etwa folgendermaßen präzisieren: Ein wiederkehrendes, am Doppelstrand von Korinth besonders leicht zu beobachtendes Naturschauspiel, die Tätigkeit des Meeres, wird in einer Person zusammengefasst, auf diese dann die Wirkung des Lebens an der See übertragen, ein einzelner Zug davon gegen den ursprünglichen Sinn unter dem Gesichtspunkt einer Strafe betrachtet und für diese Strafe ein Motiv gesucht, wobei ein späterer allegorisch-ethischer Einfluss auf die Gestaltung der Sage von den einen ebenso bestimmt angenommen, wie von den anderen in Abrede gestellt wird."[46]

Diese Deutungen, denen noch viele ähnliche anzufügen wären, finde ich deshalb interessant, weil sehr deutlich wird, wie alle die, die sich mit dem Mythos befasst haben, einzelne Züge besonders betont und im Grunde genommen das, was der Mythos in ihnen ausgelöst hat, in Gedanken und Bildern dargestellt haben. Ich meine, dass alle Mythendeutung – auch die unsere – in dieser Weise geschieht, auch wenn einzelne Züge des Mythos mehr, andere überhaupt nicht belegt sind. Die Beschäftigung mit einem Mythos hat unter anderem auch den Sinn, dass der Mythos Assoziationen, die die Verbindung zu unserem Leben schaffen, hervorruft. Wir deuten also, so besehen, nicht wirklich den Mythos, sondern unsere existentiellen Erfahrungen im Spiegel des Mythos.

Der Mythos von Sisyphos im Traum

Dass Mythen Bilder sind, die in unserem Alltag eine Wirkung zeigen und auch für uns Heutige noch immer etwas bedeuten, zeigt sich nicht nur in der Sprache, die den Ausdruck Sisyphosarbeit kennt, sondern auch in Träumen, die diese Bilder der Mythen aufnehmen und sie mit den persönlichen Bildern der einzelnen Träumer und Träumerinnen verweben.

Traum einer 38-jährigen Frau: Dem Tod kann man nichts entreißen

„Es ist an einem sehr steilen Berg. Kleine Wagen, die aussehen wie Kohlewagen, rollen den Berg hinunter. Drinnen in den Wagen sind Menschen, die aussehen, als ob sie ganz kurz vor dem Tod wären. Ich war empört über die Lethargie dieser Menschen, die alles über sich ergehen ließen. Ich wollte da jemanden rausholen. Und ich habe auch jemanden gepackt. Ich schleppte ihn fast von der Talsohle den Berg hoch – es war ein sehr hoher Berg. Ich schleppte ihn richtig schwitzend den ganzen Berg hoch, es war sehr mühsam. Ich habe im Traum blödsinnig geschleppt, ich hatte noch nie einen so intensiven Schweißtraum, der Schweiß rann in Strömen von mir. Ich weiß auch nicht, ob der, den ich geschleppt habe, Mann oder Frau war; er war auch nackt, ein lebendiger Leichnam, eigentlich schon dem Tod hingegeben. Ich hatte das Gefühl, wenn ich ihn auf den Berg bringe, dass er dann über den Berg ist. Da oben ist Leben. Dreimal habe ich es versucht, zweimal ist mir der Mensch wieder hinuntergekollert. Beim dritten Mal, als ich fast oben auf dem Gipfel war, es fehlten noch zwei, drei Meter, und ich schon das Gefühl hatte: Jetzt habe ich es geschafft, ein Gefühl des Triumphs und der Freude – plötzlich steht eine riesige schwarze Gestalt vor mir wie eine Wand und wirft mich einfach ins Tal zurück. Ich stürze nach hinten. Ich wehre mich und werde wach. Und in diesem Augenblick weiß ich: Das ist der Tod. Der Mensch entgleitet mir wieder und rollt wieder ins Tal. Ich habe das Gefühl, richtig zurückgeworfen zu sein."

Ausführungen der Träumerin

„Das Michwehren war ja auch daran zu erkennen, dass ich im Bett wohl aus einer sitzenden Haltung heftig nach hinten geschleudert wurde, wie mir mein Partner, der durch mein Kämpfen erwacht war, erzählte. Ich tat mir am Arm weh, an dem Arm, mit dem ich mich im Traum gegen diese Gestalt gewehrt hatte. Ich hatte im Traum das Gefühl, von einer ungeheuren Gewalt gepackt zu sein. Zurückgeworfen, nein, eigentlich richtig zurückgeschmettert worden bin ich. Es war eine riesige Gestalt, die zu einer schwarzen Wand wurde, und ich wusste im Traum einfach: Das ist der Tod, und dem kann man nichts wegnehmen. Der Mensch rollte dann ja auch ins Tal hinunter.

Diese fast toten Menschen erinnerten mich an Konzentrationslager, an zum Tode Verdammte. Es hat mich wahnsinnig aufgeregt, dass die nichts gemacht haben. Ich bin auch hinter den Wagen hergelaufen und habe gesagt, sie sollten doch etwas machen, und dann habe ich sie herausgezerrt aus den Wagen. Zwei sind dann trotzdem ins Tal gekullert, aber den Dritten habe ich im Schweiße meines Angesichts geschleppt, und als ich dann fast oben war, da kam plötzlich diese Gestalt, und ich habe mich so gewehrt im Traum. Aber der Tod hat mich richtig umgehauen. Ich lag dann auf dem Rücken.

Der Traum hatte einen Zusammenhang mit meinem Alltag: Ich hatte da gerade mit einer suizidalen Patientin zu tun, die ich um jeden Preis retten wollte. Es war meine Psychiatriezeit, und ich hatte das Gefühl, ich könnte da doch etwas bewirken, die Leute motivieren. Ihre Ergebenheit in das Schicksal hat mich damals so empört: Dieses Opfertum, das die da präsentieren, sich einfach abfahren zu lassen! Irgendwie wollte ich den Tod überlisten.

Ich war in dieser Zeit ungeheuer aktiv, überzeugt davon, dass ich positiv ins Schicksal eingreifen kann. Gerade mit dieser suizidalen Patientin – sie lebt übrigens –, und dann kam plötzlich dieser Traum, der mir das menschliche Maß oder mehr das Extreme meiner Situation vor Augen hielt. Mein ganzes Aufbegehren jener Zeit wurde deutlich, und mit einem Schlag wurde meinem Aufbegehren eine Grenze gesetzt.

Nach diesem Traum habe ich mich sehr verändert. Ich konnte diese Schicksalsergebenheit besser ertragen.

Vor dem Traum hatte ich diese hybride Einstellung, dass man mit diesen verlorenen Seelen etwas machen könne, wenn man nur richtig zupacke; wenn man diese Trägheit überwinde, dann könne man sie dem Tod entreißen. Ich bin heute viel gelassener in diesen Situationen, ich begleite die Menschen, aber wenn einer durch das Tor des Todes wirklich durchgehen will oder muss, dann akzeptiere ich das. Natürlich versuche ich immer noch, sie aus dem Todessog herauszuführen, aber nicht mehr mit Gewalt.

Der Tod war eine Riesengestalt, unbestimmt, man sah nur diesen Mantel; er war verhüllt und unheimlich mächtig, undurchdringlich und schrecklich. Er entspricht überhaupt nicht meiner Vision vom sanften Tod. Aber er hat mich nicht getötet, er hat mich einfach zurückgestoßen. Dann war ich im Staub, und ich habe mich auch wie Staub gefühlt. So im Sinne: Du Wurm, da bist du.

Aber das Lebensgefühl im Traum, bevor der Tod mich niederwarf, war toll: Das war schon hybrid. Ich habe innerlich frohlockt, triumphiert. Auch in diesem Schleppen steckte so viel, die ganze Hingabe, dieses ganz Aufgehen in einer Aufgabe, ein Erlebnis der eigenen Potenz.

Mir fiel damals zu diesem Traum Camus ein: Für den hat das Schleppen ja fast eine orgiastische Bedeutung. Und das hatte es für mich auch."

Dieser Traum ist durch und durch geprägt vom Thema des Mythos von Sisyphos. Die Träumerin denkt dann zuletzt an Camus, und Camus ist bei uns ja oft verbunden mit seinem Werk von Sisyphos. Als ich den

Traum dieser Kollegin hörte, die ihn mir freundlicherweise für dieses Buch überlassen hat, war ich ganz gebannt von ihm, war beeindruckt von diesem Aufbegehren und der ungeheuren Anstrengung, die die Träumerin auf sich nahm, aber ebenso erstarrte ich vor diesem Tod, der hier so deutlich die Grenze setzt. Obwohl die Träumerin diesen Traum vor fünf Jahren träumte, erzählte sie ihn, wie wenn sie ihn eben geträumt hätte.

Dieses Sichwehren gegen den Tod und von ihm so ganz deutlich In-Grenzen-gewiesen-Werden scheint mir das Kernstück dieses Traumes zu sein – und ist für mich auch das Kernstück des Mythos von Sisyphos. Das zeigt sich bei der Träumerin auch daran, dass sie in ihren Ausführungen zum Traum diesen Traumteil sehr eingehend noch einmal schildert und auch immer wieder auf ihn zurückkommt, ein Zeichen dafür, wie bedeutsam diese Stelle, dieses Erlebnis für sie ist.

Versuch einer Deutung

Die Träumerin befindet sich an einem sehr steilen Berg; da hinaufzukommen dürfte mit einer großen Anstrengung, aber auch mit einem großen Anspruch verbunden sein. Sie selber sagt im Traum, dass sie das Gefühl habe, wenn sie diese halbtoten Menschen auf den Berg bringe, dann seien sie über den Berg. Da oben sei Leben. „Über den Berg sein" ist der Ausdruck dafür, dass jemand eine Krankheit, eine Schwierigkeit überwunden, einen Berg von Schwierigkeiten bewältigt hat. Schwierigkeiten bewältigen hieße hier aber auch – wenn wir den Traumtext herbeiziehen – leben, sich ins Leben hineingeben zu können.

Die Kohlewagen aber bewegen sich nicht bergauf, sondern bergab; in den Kohlewagen ist auch keine Kohle, sondern darin sind Menschen, die „aussehen, als ob sie ganz kurz vor dem Tod wären", die alles über sich ergehen lassen. Diese Menschen scheinen dem „Bergabgehen" – dem Hinunterrollen des Steins im Mythos von Sisyphos vergleichbar – nichts entgegensetzen zu können, sie lassen es mit sich geschehen, sie haben „losgelassen". Diese Haltung erregt die Träumerin zutiefst: Sie spricht von Lethargie, von Trägheit, von Schicksalsergebenheit, aber auch davon, dass die Situation dieser Menschen sie an Konzentrationslager erinnert, an zum Tode Verdammte. Wenn sie zum Tode Verdammte sind, hat sie irgendeine Macht zum Tode verdammt, und die Träumerin tritt als Traum-Ich gegen diese Macht an. Sie kann diese Trägheit, dieses Loslassen nicht ertragen.

In den Bildern von diesen halbtoten Menschen und im Bild des Traum-Ich werden die Gegensätze von Loslassen und Festhalten eindrücklich dargestellt; dabei lassen die Menschen in diesen Kohlewagen nur los; das Traum-Ich, diese Passivität ausgleichend, will nur festhalten und den Gipfel erreichen. Dabei kann man bei diesen Menschen in den Kohlewagen vielleicht nicht einmal mehr von „Loslassen" sprechen, man müsste wohl eher von „Preisgeben", von „Aufgeben" sprechen.

Loslassenmüssen und Festhalten um jeden Preis war schon ein Thema, das sich uns bei der Betrachtung dieses Mythos aufgedrängt hat. Hier tritt das Traum-Ich, indem es Menschen den Berg hinaufschleppt, wirklich in eine Identifikation mit Sisyphos, allerdings ganz überzeugt davon, dass ein Erfolg möglich ist. Beim Traum-Ich ist keine Hoffnungslosigkeit zu spüren, im Gegenteil: Mit sehr viel Hoffnung geht es gegen die Resignation an. Eindrücklich ist, wie die Mühsal dieses Schleppens beschrieben wird, der Schweißausbruch, aber auch das Gefühl des ganz Aufgehens in dieser Aufgabe, der totalen Hingabe, des Erlebnisses der eigenen Potenz – und in der Erinnerung an Sisyphos von Camus wird der fast „orgiastische" Aspekt dieser Situation betont. Es ist nicht nur mühsame Arbeit, es sind Momente eines intensiven Einsseins mit sich selbst, ein ungeheures Selbst-Erlebnis.

Dass diese Menschen zweimal wieder hinuntergerollt sind, erwähnte die Träumerin nur nebenbei. Das Hochschleppen war wichtig, nicht die Enttäuschung. Das Hochschleppen war so wichtig, dass das Traum-Ich um dessentwillen wohl noch mehr Scheitern in Kauf genommen hätte. Diese Menschen, die schon so dem Tod hingegeben sind, werden von ihr nicht in ihrer Geschlechtlichkeit wahrgenommen, es sind Menschen, die auf den Berg müssen, um über den Berg zu kommen. Es geht nicht um eine persönliche Beziehung, es geht um einen Dienst am Menschen. Immer wieder wird betont, wie diese Menschen schon dem Tod hingegeben sind, und immer deutlicher wird, dass das Traum-Ich sie dem Tod entreißen will. Hier spielt der erste Teil des Mythos mit hinein: Das Traum-Ich will dem Tod das, was ihm schon hingegeben ist, mit einer ungeheuren Entschlossenheit und Konsequenz entreißen. Beim dritten Mal gelingt es auch fast – das Traum-Ich ist kurz vor dem Gipfel, triumphiert und freut sich bereits, und man hat auch dann, wenn man den Traum hört, das Bedürfnis, mit dem Traum-Ich aufzuatmen –, da erhebt sich plötzlich diese riesige schwarze Gestalt vor ihr und wirft sie zurück ins Tal. Dieses Zurückwerfen wird verschieden beschrieben: als Gefühl, von ungeheurer Gewalt gepackt zu sein, der sie zwar alles, was sie hat, noch entgegensetzt, aber der sie letztlich nichts entgegenzusetzen hat. Sie fühlt sich nicht nur zurückgeworfen, sondern zurückgeschmettert, liegt auf dem Rücken, preisgegeben. Der Tod wird geträumt, wie er oft auch dargestellt wird: verhüllt, undurchdringlich, schrecklich. Die Träumerin erwähnt, dass er nicht ihrer Vision vom sanften Tod entspricht. Das scheint hier auch sinnvoll: Er kommt ja nicht als ihr Tod im letzten Sinn, sondern er ist der Tod für dieses hybride Ich, für diesen Menschen, der sich zu einem Gott machen will. Der Tod hier bringt die Notwendigkeit zu einer fundamentalen Wandlung der Einstellung – diese Träumerin kann nicht ein ganzes Leben lang halbtote Menschen ekstatisch, orgiastisch Berge hinaufschleppen und dem Tod beweisen, dass sie stärker ist als er. Der Tod dieses hybriden Ich ist eingetreten, der Kampf mit dem Tod ist auch fast wie ein Todeskampf. Die Träumerin fühlt sich dann auch in ihrer Zerbrechlichkeit: Sie gebraucht die Wörter Staub und Wurm, das Gegenteil der Hybris, der Gottähnlichkeit, dieses triumphalen Gefühls, das Menschsein auch auszeichnen kann. Die schwarze Wand, die in diesem Traum mit dem Tod verbunden ist, zeigt deutlich, dass die Träumerin so nicht mehr weitergehen kann. Sie muss von der Hybris ablassen, sie ist nicht getötet, aber eine Haltung von ihr wurde getötet.

Wie intensiv dieser Kampf gewesen sein muss, zeigt sich auch darin, dass sich die Träumerin im Bett aufgesetzt hat, auch körperlich gekämpft hat, wirklich als ginge es um Leben und Tod. Und es wurde ihr klargemacht: Dem Tod kann man letztlich nichts nehmen. Der Mensch, den sie hochgeschleppt hat, rollt denn auch wieder ins Tal.

Im Mythos von Sisyphos ist kein Tod auf dem Berg, und doch hatten wir den Eindruck, dass auch dort das Prinzip des Todes es nicht erlaubt, dass der Stein die Höhe überrollt.

Die Träumerin bringt diesen Traum mit einer suizidalen Patientin und mit dem Anfang der Zeit, als sie in der Psychiatrie arbeitete, in Zusammenhang. Ihr großes Engagement am Menschen kommt in diesem Traum zum Ausdruck, Größe und Entschlossenheit, aber auch die Hybris der Helferpersönlichkeit und der Heilerin, die gegen den Tod, gegen die Lethargie, gegen die Schicksalsergebenheit ankämpft.

In ihrem Handeln wird auch das „Aufbegehren jener Zeit", wie sie es selbst nennt, deutlich, das Aufbegehren dagegen, dass Menschen so leiden. Und fast wird, so besehen, die Ärztin, die da den Halbtoten hochschleppt, zu einem Menschen, der die ungerechte Schöpfung korrigiert. Diese Hybris, die wir an Sisyphos schon gesehen haben, zeichnet aber auch gerade den Menschen aus, der ganz vom Helferwillen gepackt ist und noch nicht seine Grenzen kennt, nicht sein Maß kennt. Das Maß setzt auch hier der Tod.

Folgen wir dem Interpretationszug, den die Träumerin selbst anbietet, dann bezieht sich der Traum auf die Frage, ob man Menschenleben um jeden Preis zu retten versuchen soll, auch wenn diese Menschen selbst, wie hier im Traum, auf einem anderen Weg sind, nämlich auf dem Weg ins Tal, von wo sie unter Umständen auch selbst später den Berg hinauflaufen könnten. Die Träumerin sagt denn auch, sie habe aus dem Traum gelernt; sie habe gelernt, Suizidale zu begleiten, sie aus dem Todessog herauszuführen, aber nicht mehr mit Gewalt. Sie kann deren Entschluss auch akzeptieren: etwas, was ungeheuer schwierig ist und doch unabdingbare Voraussetzung dafür, um mit suizidgefährdeten Menschen überhaupt arbeiten zu können.

Betrachten wir diese halbtoten Menschen, die die Träumerin offenbar als Menschen mit suizidalen Problemen versteht, als Menschen auch, die keinen Lebenswillen mehr aufbringen, als Bilder für Anteile in der Psyche der Träumerin, dann verlagert sich natürlich auch die Auseinandersetzung; diese dem Schicksal so ergebenen Menschen verkörpern dann Anteile in der Träumerin, die zu sehr loslassen, die nicht kämpfen, die sich gehenlassen – und das ist etwas, was das Traum-Ich auf gar keinen Fall akzeptieren kann. Loslassen, etwas verloren geben, aufgeben scheint nicht ins Konzept des Traum-Ich zu passen, das heißt also, dass der Tod zwar durchaus Wirkungen auch im Leben und in der Psyche dieses Menschen hinterlässt, dass das Traum-Ich das aber rückgängig machen will, als dürfe es nicht sein. Dieses Nicht-mehr-leben-Wollen wird ja auch im Konzentrationslager angesiedelt, also als Folge einer sehr destruktiven Macht gesehen. Es könnte sein, dass die Träumerin das Aufgebenmüssen nur als Folge einer destruktiven Macht sieht und nicht auch als natürlichen Rhythmus des Lebens. So ist es denn nicht verwunderlich, dass sie gegen diese Macht kämpft. Es ist aber keine weltliche Macht, es ist der Tod. Es ist darüber hinaus auch denkbar, dass in diesen halbtoten Menschen eigene suizidale Tendenzen der Träumerin verkörpert sein könnten, vielleicht sogar deshalb suizidal, weil das Prinzip des Loslassens in ihrem Leben zu wenig gelebt werden darf. Der Tod aber macht der Träumerin sehr deutlich: Es gibt Tod, es gibt Scheitern, es gehört dazu.

Sehr deutlich kommt in diesem Traum zum Ausdruck, wie man gezwungen wird, loszulassen, wenn man nicht selbst bereit ist, im richtigen Moment loszulassen, wie einem dann entrissen wird, was man eigentlich hätte loslassen müssen.

Schlussbemerkungen

Weil wir Menschen sterblich sind, müssen wir am Leben festhalten, unser Leben kreativ gestalten, so viel wie möglich aus diesem einen Leben machen. Weil wir Menschen sterblich sind, müssen wir aber auch immer loslassen. Die Zeit, der Tod und damit die Vergänglichkeit geben unserem Leben den Rahmen, der nicht aufzuheben ist. Innerhalb dieses Rahmens können wir Leben gestalten. Dabei sind wir Menschen nie nur Festhaltende oder nur Loslassende: Es gibt Lebensbereiche und Einstellungen, an denen wir zu sehr festhalten, andere, die wir zu leicht loslassen. Dieses Festhalten und Loslassen in einen guten Rhythmus zu bringen, ist Lebenskunst und auch eine Frage des rechten Maßes. Dieses rechte Maß ist uns aber nicht ein für alle Mal gegeben: Wir müssen immer einmal auch vermessen sein und dann – auf das menschliche Maß zurückgewiesen – dies akzeptieren. Das Maß ist ja auch nie ein für alle Mal gegeben, sondern muss im Leben immer wieder neu austariert werden. Das gilt natürlich nicht für den Menschen als Einzelnen, das gilt auch für die Menschheit als ganze. Ohne Vermessenheit gibt es keinen Fortschritt und ohne Bescheidung keine Verantwortung, die diesen Fortschritt auch für die Menschen sinnvoll und lebensfördernd sein lässt.

Es geht beim Mythos von Sisyphos aber nicht nur um ein Festhalten und Loslassen und um das richtige Maß.

Es bleibt die Frage nach dem Sinn angesichts dieser Wiederholungen, die besonders Camus gestellt hat. Es ist eine zutiefst menschliche Frage, die immer wichtig ist, die aber ganz besonders auch eine Frage in der Mitte des Lebens ist. Geht man von einem linearen Weltverständnis aus, bei dem man sich ein Ziel vornimmt, das man auch zu erreichen versucht, kann man sich mit den Wiederholungen, bei denen man scheinbar nie ein Ziel erreicht, nicht einverstanden erklären. Wenn das das Leben ist, erscheint es einem sinnlos. Geht man zusätzlich auch von einem zyklischen Weltverständnis aus, dann ist dabei nicht mehr das Ziel im Vordergrund, sondern es sind der Weg und die Erfahrungen, die man auf diesem Weg macht. Dieser Weg strukturiert unser Leben und das Leben unserer Mitmenschen – und ist weitgehend von uns selbst abhängig. Gelingt es uns, uns damit einverstanden zu erklären als eine Faktizität im Leben eines Menschen, bleibt zwar die Wiederholung, die ewige Wiederkehr des Gleichen (Nietzsche), aber innerhalb dieser Wiederholung gestalten wir das Leben, fühlen wir uns frei, geben wir unserem Leben einen Sinn. Und dieser Sinn ergibt sich im Tun – bei Sisyphos im Gehen. Und: Würde der Stein plötzlich wirklich oben bleiben – was dann?

Anmerkungen

1   Vgl. Nietzsche, Friedrich: Also sprach Zarathustra. In: ders.:
    Gesammelte Werke. Bd. 2. München 1955, S. 406.
2   Homer: Odyssee. Übersetzung von Anton Weiher. Düsseldorf
    2000, XI, 593.
3   Vgl. Kast, Verena: Lebenskrisen werden Lebenschancen.
    Wendepunkte des Lebens aktiv gestalten. Freiburg im Breisgau
    [11]2014.
4   Homer: Odyssee, XI, 593.
5   Camus, Albert: Le mythe des Sisyphe. Paris 1942, Hamburg
    1959, S. 99.
6   Goethe, Johann Wolfgang von: Werke Goethes. Bd. 12. Ham-
    burg [5]1963, S. 516.
7   Camus: Le mythe des Sisyphe, S. 100.
8   Ebd., S. 101.
9   Ebd.
10 Vgl. Bollnow, Otto F.: Neue Geborgenheit – Das Problem einer
    Überwindung des Existentialismus. Stuttgart [4]1979, S. 94.
11 Vgl. Marcel, Gabriel: Entwurf einer Phänomenologie und einer
    Metaphysik der Hoffnung. In: ders.: Philosophie der Hoffnung.
    München 1964.
12 Vgl. Kast, Verena: Aufbrechen und Vertrauen finden. Die
    kreative Kraft der Hoffnung. Freiburg im Breisgau [2]2003,
    S. 25 ff.
13 Bachmann, Ingeborg: Werke. Hg. von Koschel, Christine / von
    Weidenbaum, Ingeborg / Münster, Clemens. Bd. 2. München/
    Zürich 1978, S. 253.
14 Ebd., S. 254.
15 Ebd., S. 260.
16 Vgl. Herder-Lexikon der Symbole. Freiburg 1978, S. 161.
17 Vgl. Hunger, Herbert: Lexikon der griechischen und römischen
    Mythologie. Reinbek bei Hamburg 1974; Ranke-Graves, Robert
    von: Griechische Mythologie. Hamburg 1982.

18 Vgl. Roscher, Wilhelm Heinrich (Hg.): Ausführliches Lexikon der griechischen und römischen Mythologie. Leipzig 1909–1915, S. 958 ff.

19 Grant, Michael / Hazel, John (Hg.): Lexikon der antiken Mythen und Gestalten. München 1980.

20 Vgl. Ranke-Graves: Griechische Mythologie, S. 194.

21 Vgl. Hunger: Lexikon der griechischen und römischen Mythologie, S. 176 ff., und Ranke-Graves: Griechische Mythologie, S. 52 ff.

22 Vgl. Platon im Phaidros: Platon: Sämtliche Werke. Bd. 4. Hamburg 1958, Paragraph 33 c.

23 Vgl. Helbling, Carl (Hg.): Kinder- und Hausmärchen der Gebrüder Grimm. Zürich o. J., S. 192.

24 Vgl. Kerenyi, Karl: Die Mythologie der Griechen. Bd. 2. München [4]1966.

25 Vgl. Soupault, Ré (Hg.): Französische Märchen. Düsseldorf/Köln 1963, S. 71 ff.

26 Williams, in: Kast, Verena: Trauern – Phasen und Chancen des psychischen Prozesses. Stuttgart [38]2015, S. 158.

27 Vgl. Bolte, Johannes / Polivka, Georg: Anmerkungen zu den Kinder- und Hausmärchen der Brüder Grimm. Bd. 1. Olms 1963, S. 378 f.

28 Helbling: Kinder- und Hausmärchen der Gebrüder Grimm, S. 299.

29 Vgl. Kast, Verena: Sich einlassen und Loslassen. Neue Lebensmöglichkeiten bei Trauer und Trennung. Freiburg im Breisgau [24]2014.

30 Camus, Albert: La Peste. Paris 1947, Hamburg 1950, S. 60 f.

31 Ebd, S. 84 f.

32 Ebd., S. 107.

33 Vgl. Kast, Verena: Wege zur Autonomie. Märchen psychologisch gedeutet. München [8]2003.

34 Jung, C. G.: Das Geheimnis der goldenen Blüte. Zürich 1929, S. 12.

35 Kast: Lebenskrisen werden Lebenschancen.

36 Eckermann, Johann P.: Gespräche mit Goethe. Leipzig 1948.

37 Vgl. Kast, Verena: Loslassen und sich selber finden. Die Ablösung von den Kindern. Freiburg im Breisgau [23]2013.

38 Vgl. Jung, C. G.: Die Lebenswende. In: Gesammelte Werke (GW). Bd. 8: Die Dynamik des Unbewussten. Hg. von Niehus-Jung, Marianne / Hurwitz-Eisner, Lena / Riklin, Franz. Sonderausgabe. Ostfildern [4]2011, § 772.
39 Vgl. Roscher: Ausführliches Lexikon der griechischen und römischen Mythologie, S. 967 f.
40 Ebd., S. 967.
41 Vgl. Henry (1892), in: ebd.
42 Vgl. Ranke-Graves: Griechische Mythologie, S. 197.
43 Völcker, in: Roscher, Ausführliches Lexikon der griechischen und römischen Mythologie, S. 968.
44 Bachmann, Ingeborg: Das dreißigste Jahr. München 1961, S. 25.
45 Curtius, in: Roscher, Ausführliches Lexikon der griechischen und römischen Mythologie, S. 968.
46 Roscher, Ausführliches Lexikon der griechischen und römischen Mythologie, S. 969 f.

Literatur

Bachmann, Ingeborg: Das dreißigste Jahr. München 1961.

Bachmann, Ingeborg: Werke. Hg. von Koschel, Christine / von Weidenbaum, Ingeborg / Münster, Clemens. Bd. 2. München/Zürich 1978.

Bollnow, Otto F.: Neue Geborgenheit – Das Problem einer Überwindung des Existentialismus. Stuttgart [4]1979.

Bolte, Johannes / Polivka, Georg: Anmerkungen zu den Kinder- und Hausmärchen der Brüder Grimm. Bd. 1. Olms 1963.

Camus, Albert: Le mythe des Sisyphe. Paris 1942, Hamburg 1959.

Camus, Albert: La Peste. Paris 1947, Hamburg 1950.

Eckermann, Johann P.: Gespräche mit Goethe. Leipzig 1948.

Goethe, Johann Wolfgang von: Werke Goethes. Bd. 12. Hamburg [5]1963.

Grant, Michael / Hazel, John (Hg.): Lexikon der antiken Mythen und Gestalten. München 1980.

Helbling, Carl (Hg.): Kinder- und Hausmärchen der Gebrüder Grimm. Zürich o. J.

Herder-Lexikon der Symbole. Freiburg 1978.

Homer: Odyssee. Übersetzung von Anton Weiher. Düsseldorf 2000.

Hunger, Herbert: Lexikon der griechischen und römischen Mythologie. Reinbek bei Hamburg 1974.

Jung, C. G.: Das Geheimnis der goldenen Blüte. Zürich 1929.

Jung, C. G.: Die Lebenswende. In: Gesammelte Werke (GW). Bd. 8: Die Dynamik des Unbewussten. Hg. von Niehus-Jung, Marianne / Hurwitz-Eisner, Lena / Riklin, Franz. Sonderausgabe. Ostfildern [4]2011, §§ 749–795.

Kast, Verena: Aufbrechen und Vertrauen finden. Die kreative Kraft der Hoffnung. Freiburg im Breisgau [2]2003.

Kast, Verena: Lebenskrisen werden Lebenschancen. Wendepunkte des Lebens aktiv gestalten. Freiburg im Breisgau [11]2014.

Kast, Verena: Loslassen und sich selber finden. Die Ablösung von den Kindern. Freiburg im Breisgau [23]2013.

Kast, Verena: Sich einlassen und Loslassen. Neue Lebensmöglichkeiten bei Trauer und Trennung. Freiburg im Breisgau [24]2014.

Kast, Verena: Trauern. Phasen und Chancen des psychischen Prozesses. Freiburg im Breisgau [38]2015.

Kast, Verena: Wege zur Autonomie. Märchen psychologisch gedeutet. München [8]2003.

Kerenyi, Karl: Die Mythologie der Griechen. Bd. 2. München [4]1966.

Marcel, Gabriel: Entwurf einer Phänomenologie und einer Metaphysik der Hoffnung. In: ders.: Philosophie der Hoffnung. München 1964.

Nietzsche, Friedrich: Also sprach Zarathustra. In: ders.: Gesammelte Werke. Bd. 2. München 1955.

Pieper, Annemarie: Sisyphos im Glück. In: Der blaue Reiter 14, Journal für Philosophie. Stuttgart 2001.

Platon: Sämtliche Werke. Bd. 4. Hamburg 1958.

Ranke-Graves, Robert von: Griechische Mythologie. Hamburg 1982.

Roscher, Wilhelm Heinrich (Hg.): Ausführliches Lexikon der griechischen und römischen Mythologie. Leipzig 1909–1915.

Soupault, Ré (Hg.): Französische Märchen. Düsseldorf/Köln 1963.